Impressum
Verlag: BABADADA GmbH, Nedderfeld 112 , 22529 Hamburg
Geschäftsführer / Verlagsleitung: Harald Hof
Druck: Books on Demand GmbH, In de Tarpen 42, 22848 Norderstedt

Imprint
Publisher: BABADADA GmbH, Nedderfeld 112 , 22529 Hamburg, Germany
Managing Director / Publishing direction: Harald Hof
Print: Books on Demand GmbH, In de Tarpen 42, 22848 Norderstedt

# el colegio
## ښوونځی

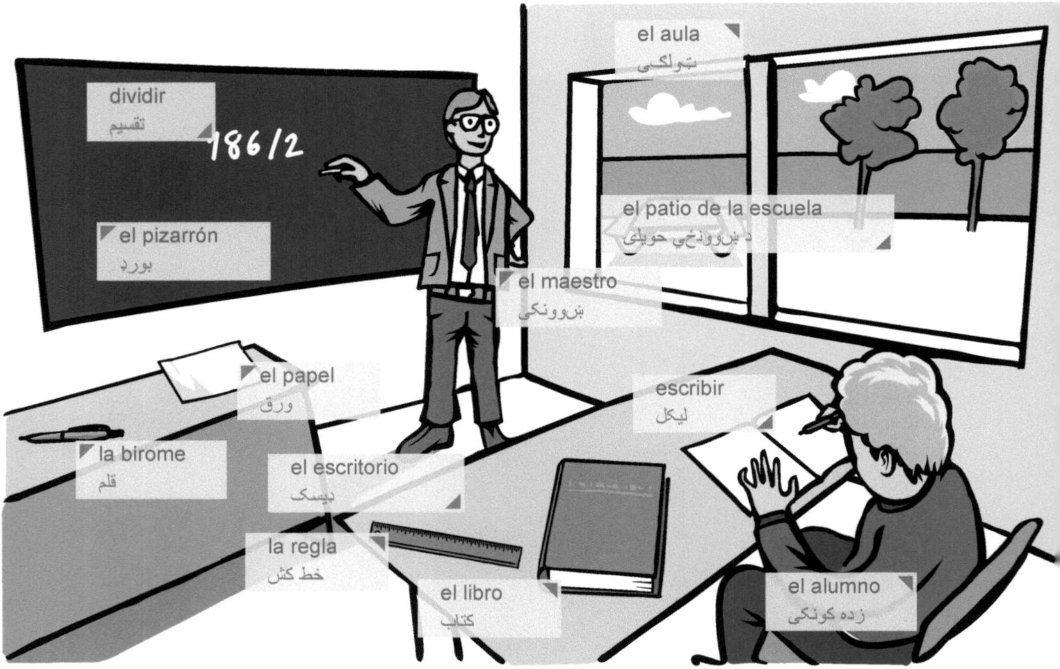

dividir
تقسیم
186/2
el aula
ټولګی
el pizarrón
بورډ
el patio de la escuela
د ښوونځي حویلۍ
el maestro
ښوونکی
el papel
ورق
escribir
لیکل
la birome
قلم
el escritorio
ډیسک
la regla
خط کش
el libro
کتاب
el alumno
زده کونکی


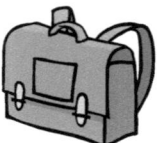

la mochila
کڅوړه

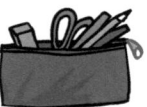

la caja de lápices
د پنسل بکسه

el lápiz
پنسل

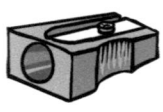

el sacapuntas
پنسل تراش

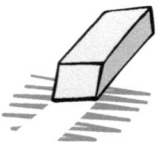

la goma (de borrar)
ربړ

el bloc de dibujo
د رسامۍ پاڼه

el dibujo

رسامي

el pincel

د نقاشی برس

la caja de pinturas

د نقاشی بکس

la tijera

قیچي

el pegamento

سریښ

el cuaderno de ejercicios

د تمرین کتاب

la tarea

کورنی دنده

el número

شمیر

sumar

جمع

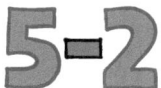

restar

منفي

multiplicar

ضرب

calcular

حساب

la letra

توری

el abecedario

الفبا

la palabra

کلمه

el texto

متن

leer

لوستل

la tiza

تباشیر

la lección

درس

el cuaderno de clase

راجستر

el examen

آزموینه

el certificado

تصدیق پاڼه

el uniforme escolar

د ښوونځي یونیفارم

la educación

تعلیم

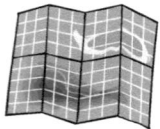

la enciclopedia

دایره المعارف

la universidad

پوهنتون

el microscopio

مایکروسکوپ

el mapa

نقشه

el tacho (de basura)

اشغالدانی

# el viaje
## سفر

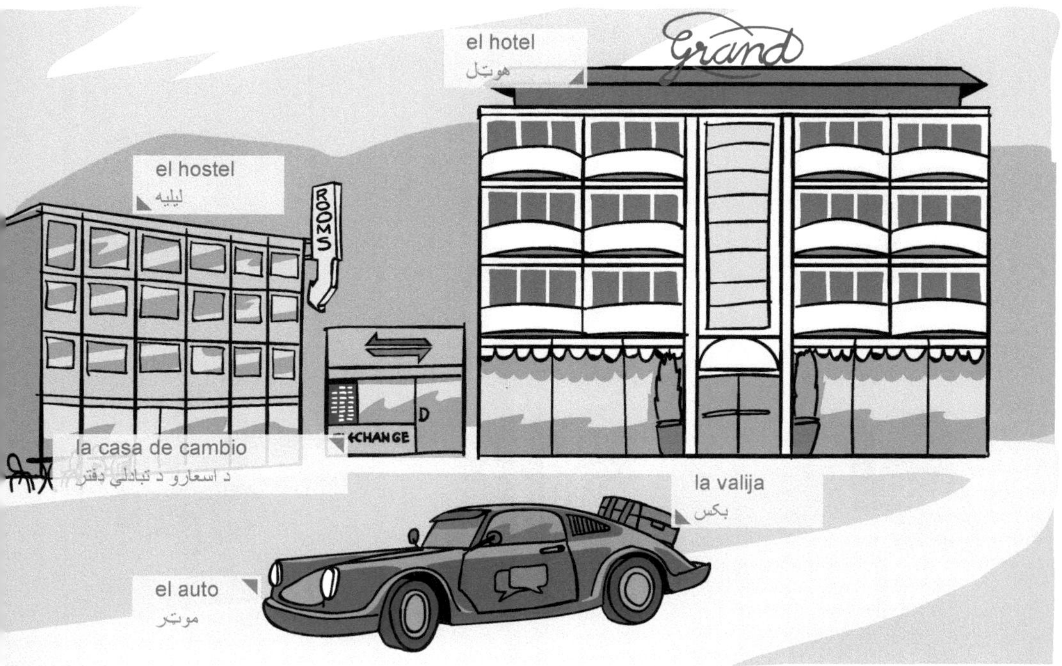
el hotel
هوټل
Grand
el hostel
ليليه
ROOMS
la casa de cambio
د اسعارو د تبادلې دفتر
EXCHANGE
la valija
بکس
el auto
موټر

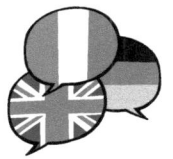

el idioma
ژبه

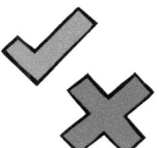

sí / no
هو/نه

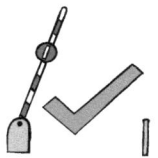

Está bien
سمه ده

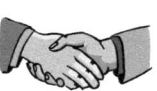

hola
سلام

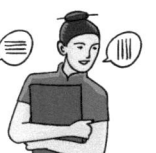

el traductor
ژباړونکی

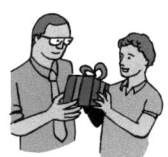

Gracias
مننه

¿cuánto cuesta…?

څومره دي...؟

No entiendo

زه نه پوهيږم

el problema

ستونزه

¡Buenas tardes!

ماښام مو پخير!

¡Buenos días!

سهار په خير!

¡Buenas noches!

شپه په خير!

el adiós

په مخه مو ښه

la dirección

لارښود

el equipaje

سامان

el bolso

بیگ

la mochila

شاتنی بکس

el invitado

ميلمه

la habitación

خونه

la bolsa de dormir

د خوب کڅوړه

la carpa

خیمه

la información turística

د توریزم معلومات

la playa

ساحل

la tarjeta de crédito

کریډیت کارت

el desayuno

ناری

el almuerzo

د غرمی خواړه

la cena

د ښپی خواړه

el pasaje

ټیکټ

el ascensor

لفټ

el sello

مهر

la frontera

پوله

la aduana

ګمرک

la embajada

سفارت

la visa

ویزه

el pasaporte

پاسپورټ

# el transporte

## ټرانسپورټ

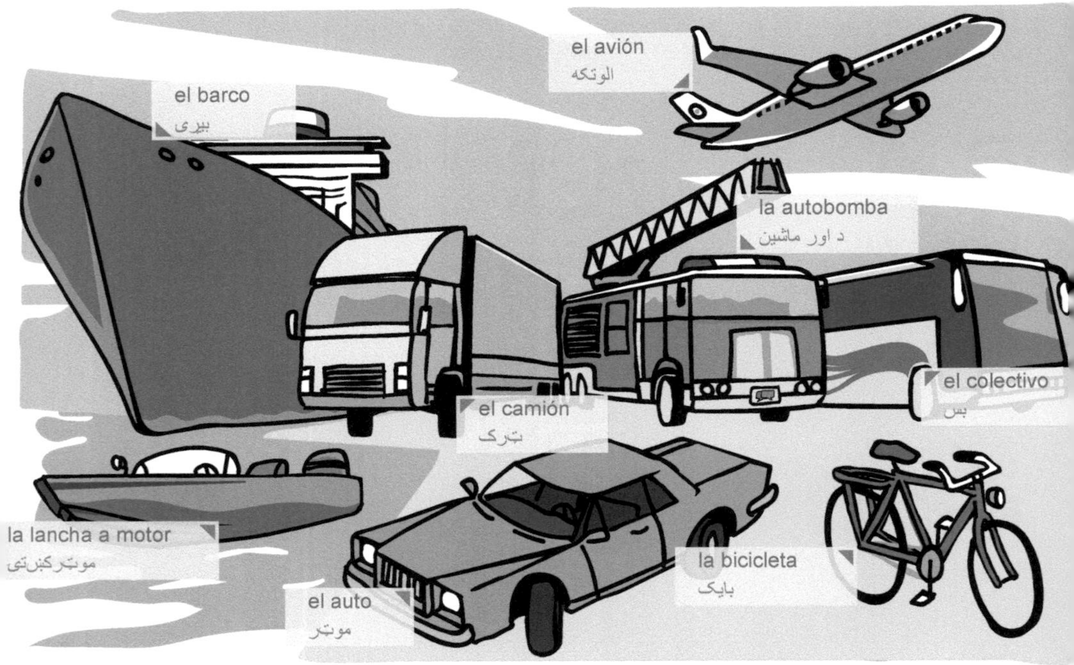

el avión
الوتکه
el barco
بیړی
la autobomba
د اور ماشین
el colectivo
بس
el camión
ټرک
la lancha a motor
موټرکښتی
la bicicleta
بایک
el auto
موټر


el ferry

کښتی

el bote

کښتی

la moto

موټرسایکل

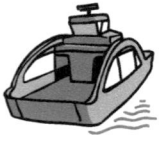

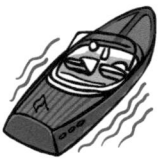

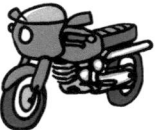

el patrullero

د پولیسو موټر

el auto de carreras

د ریس موټر

el auto de alquiler

کرایی موټر

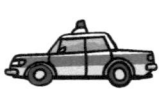

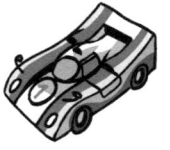

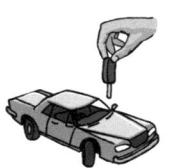

el alquiler de autos

د کرايه موټري

la grúa

جرثقيل لرونکی ټرک

el camión de la basura

د ريفيوز ټرک

el motor

موټر

la nafta

سونګ توکي

la estación de servicio

پټرول سټيشن

la señal de tránsito

ترافيکي نښه

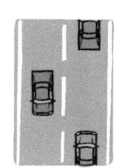

el tránsito

ترافيک

el embotellamiento

جام ترافيک

el estacionamiento

د موټرو ټمځای

la estación de tren

د ريل سټيشن

las vías

پانټکي

el tren

ريل

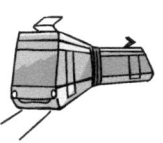

el tranvía

ټرام

el vagón

واګون

el helicóptero

چورلکه

el aeropuerto

هوايي ډګر

la torre

برج

el pasajero

مسافر

el contenedor

کانتينر

la caja de cartón

کارتون

la carretilla

کارت

la canasta

ټوکری

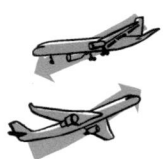

despegar / aterrizar

الوتنه کول/کښيناستل

## la ciudad

ښار

el pueblo

کلی

el centro de la ciudad

د ښار مرکز

la casa

کور

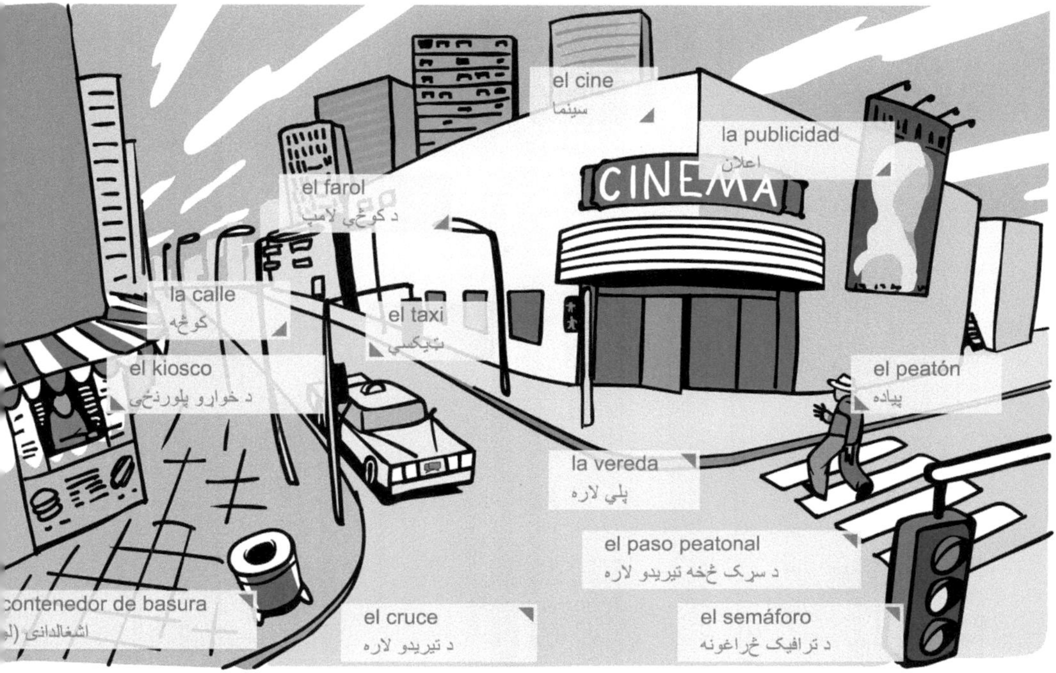

el cine
سینما

la publicidad
اعلان

el farol
د کوڅي لامپ

la calle
کوڅه

el taxi
ټيکسي

el kiosco
د خوارو پلورنځی

el peatón
پیاده

la vereda
پلي لاره

el paso peatonal
د سرک څخه تیریدو لاره

contenedor de basura
اشغالدانۍ (ل...

el cruce
د تیریدو لاره

el semáforo
د ترافیک څراغونه

la cabaña
کوډله

el departamento
اپارتمان

la estación de tren
د ریل ستیشن

la municipalidad
ټاون هال

el museo
میوزیم

el colegio
ښوونځی

**la universidad**

پوهنتون

**el banco**

بانک

**el hospital**

روغتون

**el hotel**

هوټل

**la farmacia**

درملتون

**la oficina**

دفتر

**la librería**

کتاب پلورنځی

**el negocio**

پلورنځی

**la florería**

د ګلانو پلورنځی

**el supermercado**

لوی پلورنځی

**el mercado**

مارکیټ

**las grandes tiendas**

د ډیپارټمنټ سټور

**la pescadería**

کب پلورنځی

**el centro comercial**

د پلور مرکز

**el puerto**

لنګرتون

el parque

پارک

el banco

بينچ

el puente

پل

las escaleras

زينه

el subte

د ځمکی لاندی

el túnel

تونل

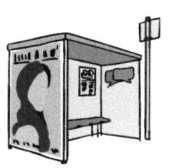

la parada del colectivo

بس تمځای

el bar

بار

el restaurante

ريستورانت

el buzón

پوست بکس

el letrero

د کوڅی نښه

el parquímetro

د پارک کولو میتر

el zoológico

ژوبڼ

la pileta

د لامبو حوض

la mezquita

مسجد

la granja

كرونده

la contaminación

ناپاكي

el cementerio

هديره

la iglesia

چرچ

los juegos infantiles

د لوبو ډګر

el templo

معبد/كليسا

## el paisaje

منظره

la hoja — پاڼه

el poste indicador — د لارښوونی نښه

el camino — لاره

la pradera — چمن

la piedra — كانی

el árbol — ونه

el excursionista — هيكر

el río — سيند

la hierba — واښه

la flor — ګل

el valle

دره

la montaña

غونډى

el lago

ناور

el bosque

ځنګل

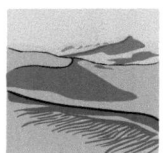

el desierto

دشته

el volcán

اورشيندى

el castillo

كلا

el arco iris

رنګين كمان

el champiñón

مرخيړي

la palmera

پلم ونه

el mosquito

ماشى

la mosca

الوتل

la hormiga

ميږى

la abeja

مچۍ

la araña

غونډ/جولا

el escarabajo

گونگكت

la rana

چونگپشہ

la ardilla

نولی

el erizo

زیرکی

la liebre

سوی

la lechuza

گونگ

el pájaro

مرغی

el cisne

قازه

el jabalí

نرخوگ

el ciervo

هوسی

el alce

گاوزه

la presa

بند

el aerogenerador

بادي توربين

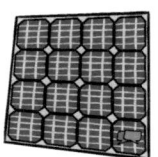

el panel solar

سولر تختی

el clima

اقلیم

el paisaje - منظره

# el restaurante

## ریسټورانټ

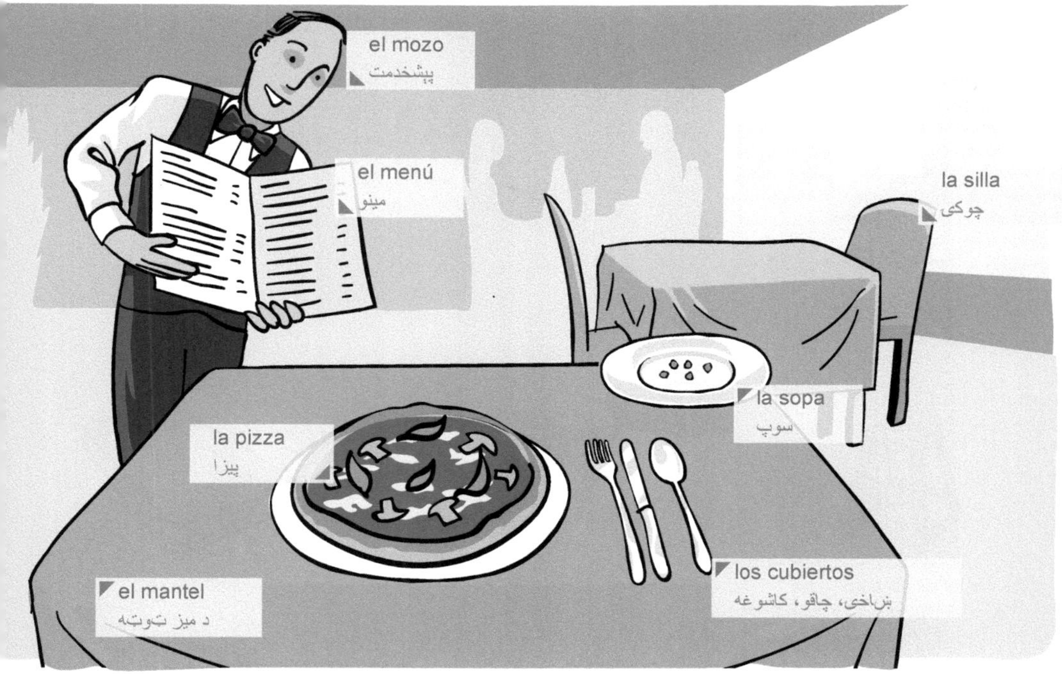

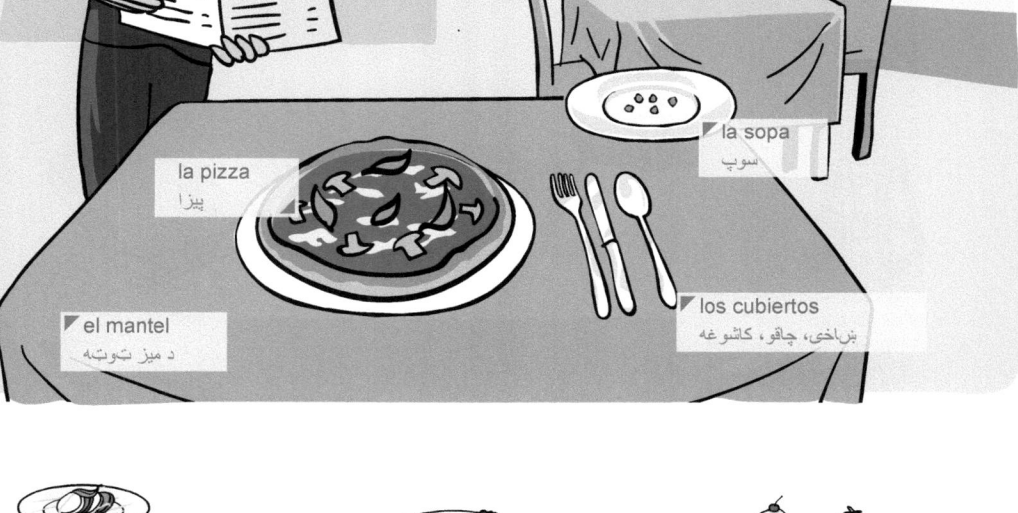

el mozo
پیشخدمت
el menú
مینو
la silla
چوکۍ
la sopa
سوپ
la pizza
پیزا
los cubiertos
بڼاخۍ، چاقو، کاشوغه
el mantel
د میز ټوټه

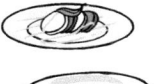

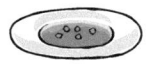

la entrada
..................
ستارټر

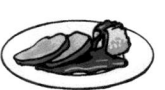

el plato principal
..................
اصلي خواړه

el postre
..................
شیرني

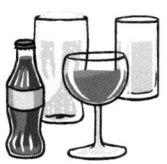

las bebidas
..................
څښاک

la comida
..................
خواړه

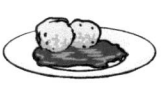

la botella
..................
بوتل

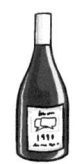

la comida rápida

فاسټ فوډ

la comida callejera

د کوڅي خواره

la tetera

چای جوش

la azucarera

قندانئی

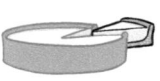

la porción

برخه

la cafetera expreso

أسپرسو مشین

la sillita alta

لوړه چوکی

la cuenta

رسید

la bandeja

مجمه

el cuchillo

چاکو

el tenedor

پنجه

la cuchara

قاشق

la cucharita

چای قاشق

la servilleta

سورویت

el vaso

ګلاس

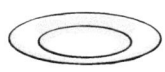

el plato

پلیټ

el plato hondo

د سوپ پلیټ

el plato

نالبکی

la salsa

ساس

el salero

مالګه شیندونکی

el molinillo de pimienta

د مرچ ټکولو لوخی

el vinagre

سرکه

el aceite

غوري

las especias

مساله

el kétchup

کچ اپ

la mostaza

 مسټرډ

la mayonesa

چکه

# el supermercado

# لوی پلورنځی

la oferta especial
ځانګړی وړاندیز
FOR
el cliente
پیرودونکی
los lácteos
لبنيات
la fruta
میوه
el changuito
لاسي ګړځ


BUTCHERS


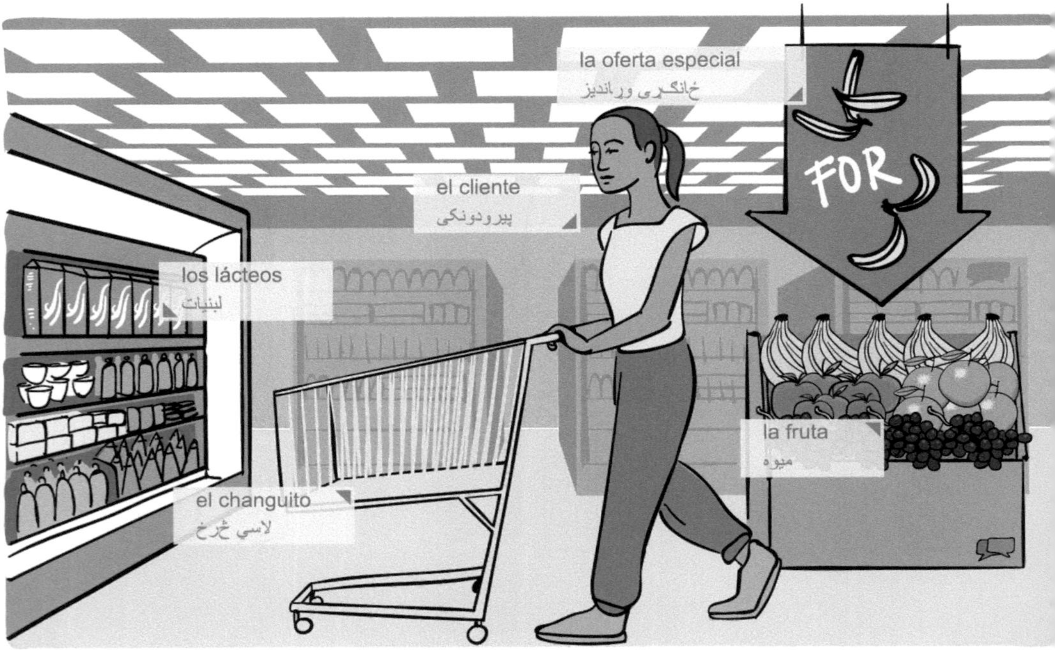

la carnicería

قصابي

BAKERY


la panadería

نانوایی

pesar

وزن کول

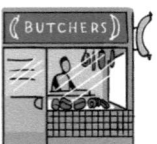

las verduras

سبزیجات

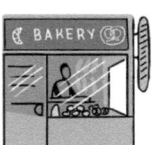

la carne

غوښه

los alimentos congelados

کنګل خواړه

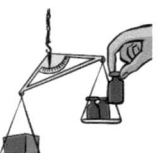

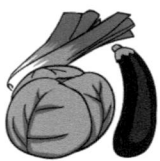

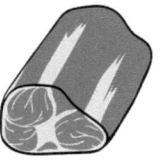

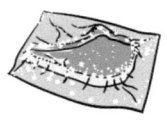

los fiambres

یخه غوښه

los alimentos enlatados

کنسروا خواره

el detergente en polvo

د مینځلو پوډر

las golosinas

ۺیریني

los electrodomésticos

کورني تولیدات

los productos de limpieza

د پاکولو محصولات

la vendedora

د پلور فرد

la caja

د نغدي راجستر

el cajero

صراف

la lista de compras

د پیرود لیست

el horario de atención

کاري ساعتونه

la billetera

بټوه

la tarjeta de crédito

کریډیټ کارت

la cartera

کڅوړه

la bolsa de plástico

پلاستیک کڅوړه

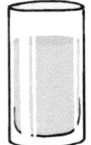

el agua

اوبه

el jugo

جوس

la leche

شیده

la bebida cola

کوک

el vino

واین

la cerveza

بیر

el alcohol

الکول

el cacao

ککاو

el té

چای

el café

کافي

el café expreso

اسپرسو

el cappuccino

کپچینو

la banana

کیله

la manzana

مڼه

la naranja

نارنج

el melón

هندواڼه

el limón

لیمو

la zanahoria

گازره

el ajo

هوږه

el bambú

بانکس

la cebolla

پیاز

el champiñón

مرخیړي

las nueces

چغزی

los fideos

اش

los tallarines

سپیکتـي

el arroz

وریجی

la ensalada

سلاد

las papas fritas

چپس

las papas fritas

سره کري کچالو

la pizza

پیزا

la hamburguesa

همبرگر

el sándwich

ساندویچ

el churrasco

کتره

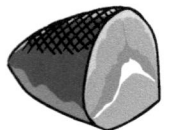

el jamón

د پتون غوښه

el salame

سلمي

la salchicha

ساسج

el pollo

چرگ

el asado

روسټ

el pescado

کب

los copos de avena

د وربښی شیرني

el muesli

موسلي

los copos de maíz

د جوار پلی

la harina

اوړه

la medialuna

کروسانت

el pancito

د ډوډی رول

el pan

ډوډی

la tostada

توست

las galletitas

بسکیټ

la manteca

کوچ

la cuajada

چکه

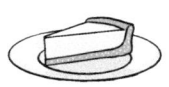

la torta

کیک

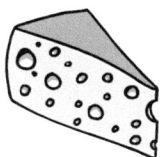

el huevo

هګی

el huevo frito

پیښی هګی

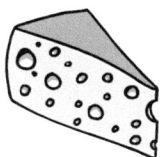

el queso

پنیر

el helado

أيس كريم

el azúcar

بوره

la miel

شهد

la mermelada

مربا

la pasta de chocolate

نوگات کریم

el curry

کورکمان

# la granja

## کرونده

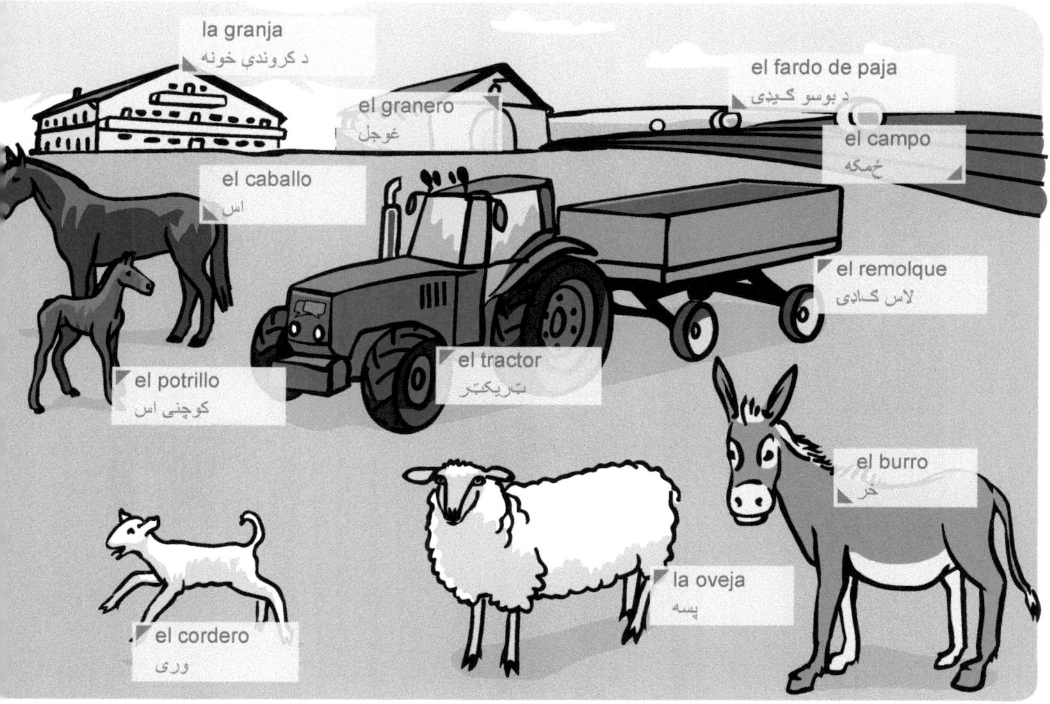
la granja
د کروندي خونه
el fardo de paja
د بوسو گـيډی
el granero
غوجل
el campo
ځمکه
el caballo
اس
el tractor
ټریکټر
el remolque
لاس گـاډی
el potrillo
کوچنی اس
el burro
خر
la oveja
پسه
el cordero
وری

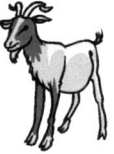

la cabra
وزه

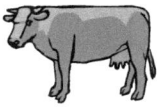

la vaca
غوا

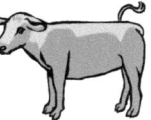

el ternero
خوسکی

el cerdo
خوگ

el lechón
د خوگ بچی

el toro
غویی

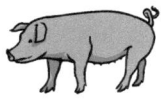

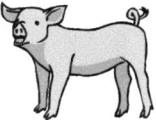

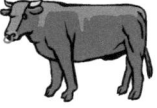

el ganso

بتﻪ

el pato

هيلی

el pollo

چرګوړی

la gallina

چرګه

el gallo

بانګي

la rata

سارای موږک

el gato

پيشک

el ratón

موږک

el buey

غویی

el perro

سپی

la cucha

د سپي خونه

la manguera

د باغ هوز

la regadera

د اوبو لوخی

la guadaña

لور (داس)

el arado

یوی

la hoz

لور

la azada

رمبی

la horquilla

بشاخی

el hacha

تبر

la carretilla

کراچی

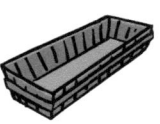

el abrevadero

ناوه

la lechera

د شیدو لوخی

la bolsa

جوال

la reja

کتاره

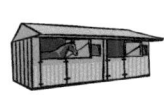

el establo

مضبوط

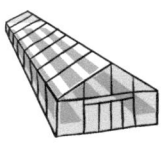

el invernadero

بشنه خونه

el suelo

خاوره

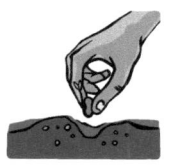

la semilla

تخم

el fertilizador

سر/ه ر/کود

la cosechadora

کد ریبونکی ماشین

cosechar

زیرمه کول

la cosecha

درمند

las batatas

خواړه کچالو

el trigo

غنم

la soja

سویا

la papa

کچالو

el maíz

جوار

la semilla de colza

نباتي تخم

el árbol frutal

د ميوي ونه

la mandioca

مانيوک

los cereales

غله

# la casa

## کور

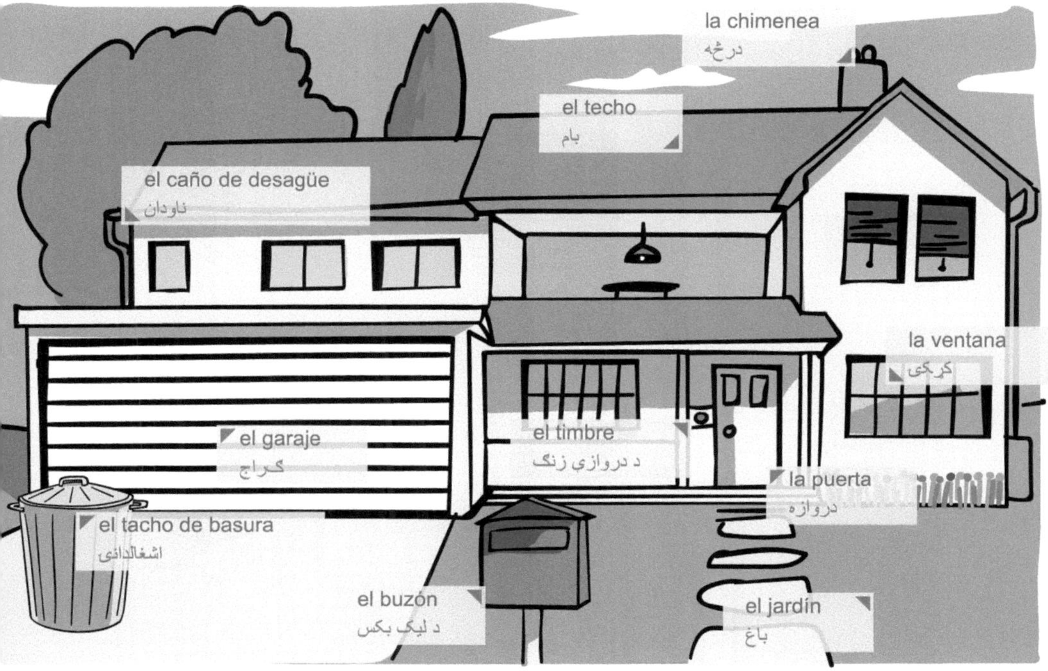

la chimenea
درځه
el techo
بام
el caño de desagüe
ناودان
la ventana
کړکۍ
el garaje
ګراج
el timbre
د دروازې زنګ
la puerta
دروازه
el tacho de basura
اشغالدانۍ
el buzón
د لیک بکس
el jardín
باغ


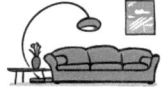

el living

د اوسیدو خونه

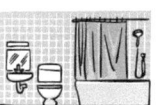

el baño

حمام

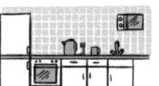

la cocina

پخلنځی

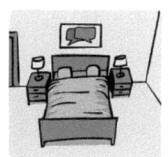

el dormitorio

د ویده کیدو خونه

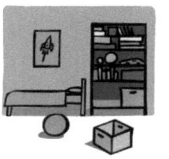

el cuarto de los chicos

د ماشوم خونه

el comedor

د خوړو خونه

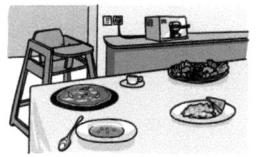

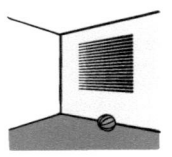

el piso

فرش

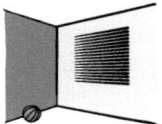

la pared

دیوال

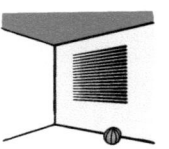

el cielorraso

چت

el sótano

زیرخانه

el sauna

سونا

el balcón

بالکوني

la terraza

تراس

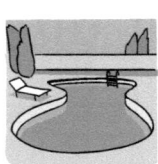

la pileta

حوض

la cortadora de pasto

د چمن وهلو ماشین

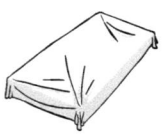

la sábana

شیت

el acolchado

روجایی

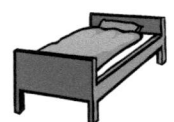

la cama

تخت

la escoba

جارو

el balde

بوکه

el interruptor

سویچ

# el living

## د اوسيدو خونه

el empapelado
والپيپر
la imagen
عکس
la lámpara
لامپ
el estante
شيلف
el armario
الماری
la televisión
تلويزيون
la chimenea
نغری
la flor
گل
el almohadón
بالښت
el sofá
صوفه
el florero
گلدانی
el control remoto
ريموټ کنټرول

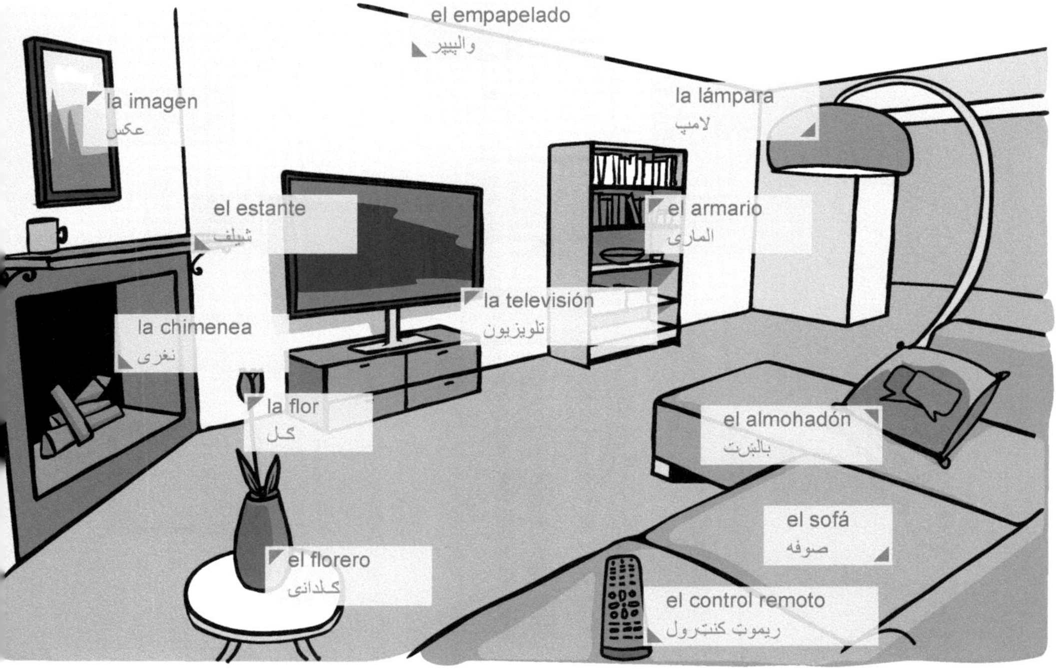

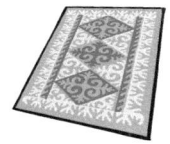

la alfombra
غالی

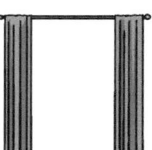

la cortina
پرده

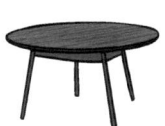

la mesa
ميز

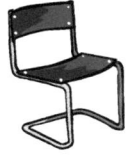

la silla
چوکی

la mecedora
تاويدونکی چوکی

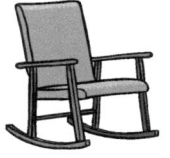

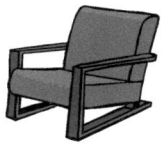

el sillón
بازو لرونکی چوکی

el libro

كتاب

la frazada

كمبل

la decoración

ډيكوريشن

la leña

د اور لرګي

la película

فلم

el equipo de música

هايـفاى

la llave

كلي

el diario

ورځپاڼه

la pintura

نقاشي

el póster

پوسټر

la radio

راديو

el cuaderno

كتابچه

la aspiradora

واكيوم جارو

el cactus

كاكتوس

la vela

شمع

# la cocina
## پخلنځی

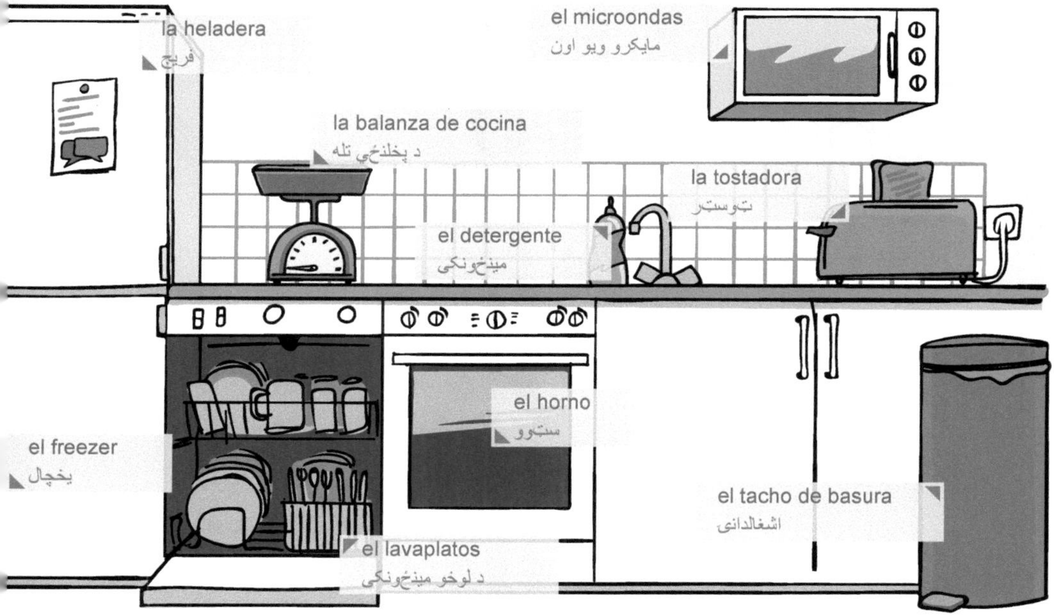

la heladera
فریج
el microondas
مایکرو ویو اون
la balanza de cocina
د پخلنځي تله
la tostadora
توستر
el detergente
مینځونکی
el horno
ستوو
el freezer
یخچال
el tacho de basura
اشغالدانی
el lavaplatos
د لوخو مینځونکی


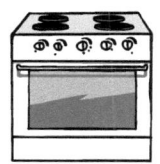

la cocina
دیگ بخار

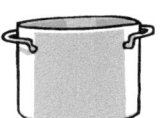

la olla
لوخی

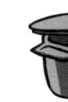

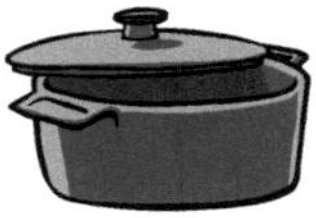

la olla de hierro fundido
چدني لوخی

el wok
ووک

la sartén
د تلي په

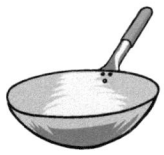

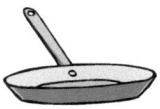

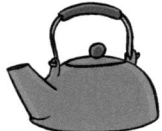

la pava
چای جوش

la vaporera

د بخار دیگ

la bandeja de horno

پتنوس

la vajilla

لوخي

la taza

مگ

el bol

کاسه

los palitos

د رانيولو اوزار

el cucharón

څمڅى

la espátula

کفگير

la batidora

پاکونکى

el colador

صافي

el colador

غلبیل

el rallador

کریتر

el mortero

اونگ

la parrilla

بار بي کيو

la fogata

خلاص اور

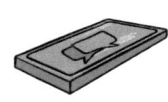

la tabla de picar

تخته

el palo de amasar

هوارونكى

el sacacorchos

كارك سكريو

la lata

تيم

el abrelatas

د تيم خلاصونكى

la manopla

د لوخي تونته

la pileta

ظرف شوى

el cepillo

برس

la esponja

سپنج

la batidora

بليندر

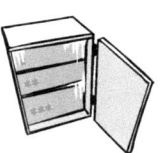

el congelador

ژور يخچال

la mamadera

د ماشوم بوتل

la canilla

نل

# el baño
## حمام

la calefacción
تودول
la toalla
جان پاک
la ducha
شاور
la cortina de la ducha
د شاور پرده
el baño de espuma
ببل حمام
la bañadera
د حمام ټب
el vaso
گلاس
el lavarropas
د مينځلو مشين
la canilla
نل
las baldosas
ټايلونه
la pelela
يو ډول کمود
la pileta
ظرف شوی

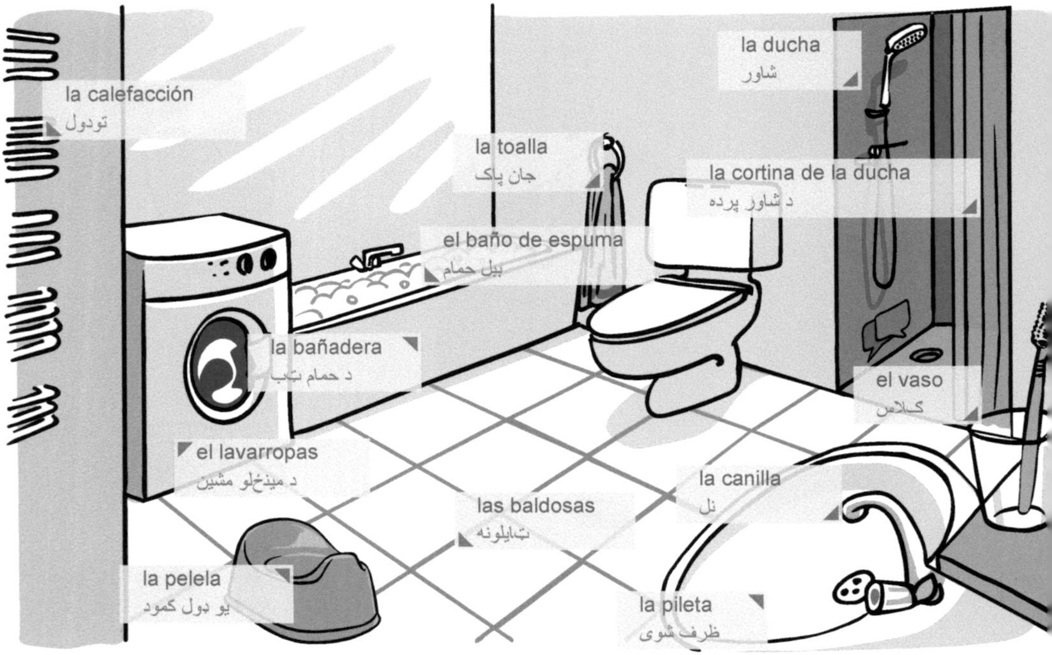

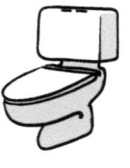

el inodoro
تشناب

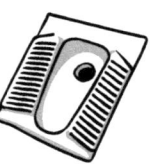

la letrina
فرشي کمود

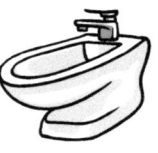

el bidé
کمود

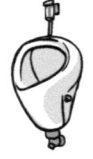

el mingitorio
د متيازو ځای

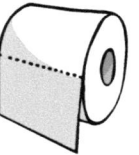

el papel higiénico
تشناب کاغذ

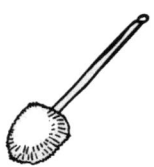

el cepillo para el inodoro
د تشناب برس

el cepillo de dientes

د غاښونو برس

el dentífrico

د غاښونو کریم

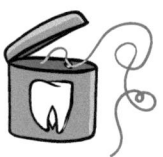

el hilo dental

د غاښونو نخ

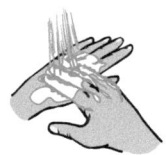

lavar

لاس مینځل

la ducha de mano

واسي شاور

la ducha higiénica

شاور

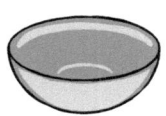

la palangana

کاخنک

el cepillo para la espalda

د شا برس

el jabón

صابون

el gel de ducha

د شاور ژل

el shampoo

شامپو

la toallita

فلانل جامه

el desagüe

وچول

la crema

کریم

el desodorante

سپری

el espejo

آینه

el espejito

آینه لاسي

la maquinita de afeitar

ریزر

la espuma de afeitar

د خریلو فوم

el aftershave

د خریبلو وروسته

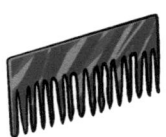

el peine

کمنځ

el cepillo

برس

el secador de pelo

د ویښتانو وچونکی

el spray

د ویښتانو سپری

el maquillaje

میک اپ

el lápiz de labios

لیپ ستیک

el esmalte para uñas

د نوکانو پالش

el algodón

کاټن وری

la tijera para uñas

د ناخن کیر

el perfume

عطر

40          el baño  -  حمام

el portacosméticos

د مېنځلو کوښوره

la banqueta

ستول

la balanza

د وزن کولو تله

la bata

د حمام پوښاک

los guantes de goma

د ربر دستکش

el tampón

تَامپون

la toallita femenina

صحیی جان پاک

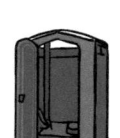

el baño químico

کیمیکل تشناب

# el cuarto de los chicos

## د ماشوم خونه

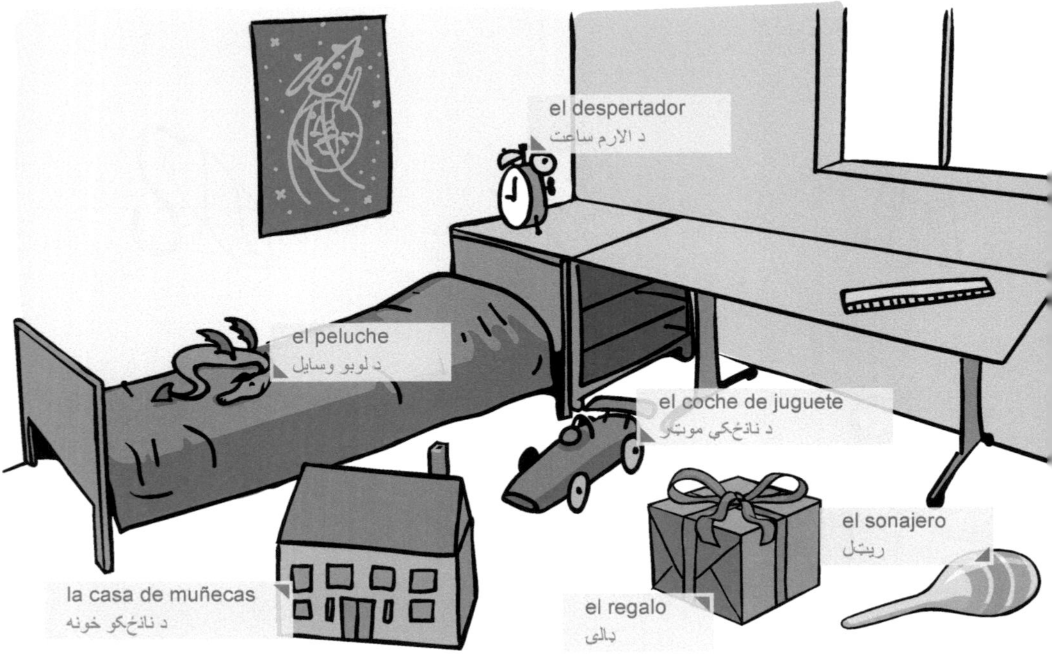

el despertador
د الارم ساعت
el peluche
د لوبو وسایل
el coche de juguete
د نانځکي موټر
el sonajero
ريټل
la casa de muñecas
د نانځکو خونه
el regalo
ډالۍ


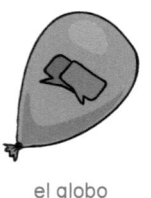

el globo

بالون

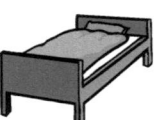

la cama

تخت

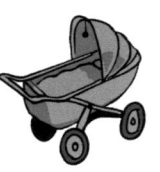

el cochecito

کالسکه

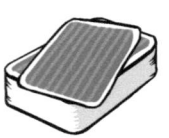

las cartas

د لوبو ورقي

el rompecabezas

جيګسا

SUPER MEGA


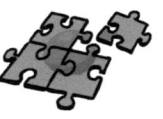

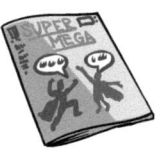

la historieta

مسخره

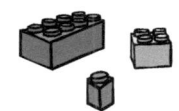

las piezas de lego

ليګو بريک

los ladrillos de juguete

د ناذخكو بلاک

la figura de acción

د اكشن فيګور

el enterito (de bebé)

د ماشوم پوشاک

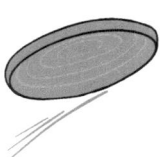

el frisbee

فريزبي

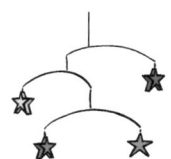

el móvil para bebés

موبايل

el juego de mesa

بورد لوبه

los dados

تاس

el tren eléctrico

مادل ريل سيټ

el chupete

ګونكشى

la fiesta

پارتي

el libro de cuentos ilustrado

د عكسونو اليوم

la pelota

بال

la muñeca

ناذخكه

jugar

لوبيدل

el arenero

د شکوکنده

la hamaca

سوینک

los juguetes

ناناخکي

la consola de videojuegos

د ویډیو لوبو کنسول

el triciclo

تترای سایکل

el osito de peluche

گوډکه

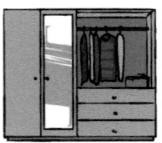

el armario

د کالو الماری

## la ropa

پوښاک

las medias

جرابي

las medias panty

لوړي جرابي

las calzas

تاینټس

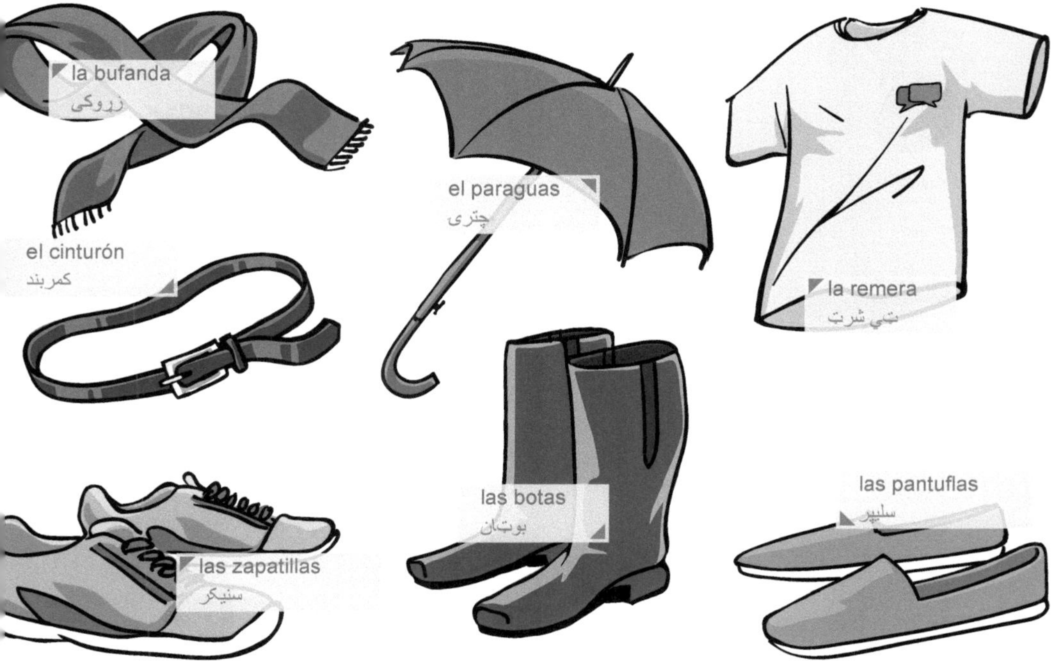

la bufanda
زروکی

el paraguas
چتری

el cinturón
کمربند

la remera
ٹی شرٹ

las zapatillas
سنیکر

las botas
بوټان

las pantuflas
سلیپر

las sandalias

سیندل

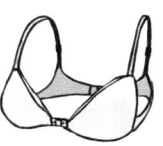
los zapatos

بوټان

las botas de goma

د ربر بوټان

la ropa interior

زیرنیکري

el corpiño

سینه بند

el chaleco

واسکټ

el body

بادی

los pantalones

پتلون

los jeans

جینز

la pollera

لمن

la blusa

بلاوز

la camisa

شرټ

el pulóver

بنیان

el buzo

سویټر

el blazer

بلیزر

la campera

جاکټ

el tapado

کوټ

el piloto

د باران کوټ

el traje

پوښاک

el vestido

کالي

el vestido de novia

د واده پوښاک

46     **la ropa** - پوښاک

el traje

دريشي

el camisón

د شپي پوښاک

el pijama

پاجامه

el sari

ساري

el pañuelo para la cabeza

لوپټه

el turbante

پټکی

la burka

برقه

el caftán

كفتن

la abaya

عبا

el traje de baño

د لامبو پوښاک

el short de baño

نيكر

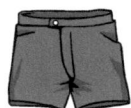

los shorts

شارټ

el jogging

د ځغاستي پوښاک

el delantal

پيش بند

los guantes

دستكش

**el botón**

بتن

**los anteojos**

عینک

**la pulsera**

لاس بند

**el collar**

غاړه کۍ

**el anillo**

ګوتمه

**el aro**

غوږوالۍ

**la gorra**

خولۍ

**la percha**

کوټ بند

**el sombrero**

خولۍ

**la corbata**

نتایۍ

**el cierre**

خځخير

**el casco**

هیلمیټ

**los tiradores**

ټرونکۍ

**el uniforme escolar**

د ښوونځي يونيفارم

**el uniforme**

يونيفارم

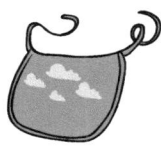

el babero
.................
بیب

el chupete
.................
ګونګشی

el pañal
.................
نیپي

# la oficina
## دفتر

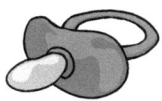

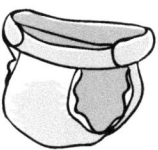

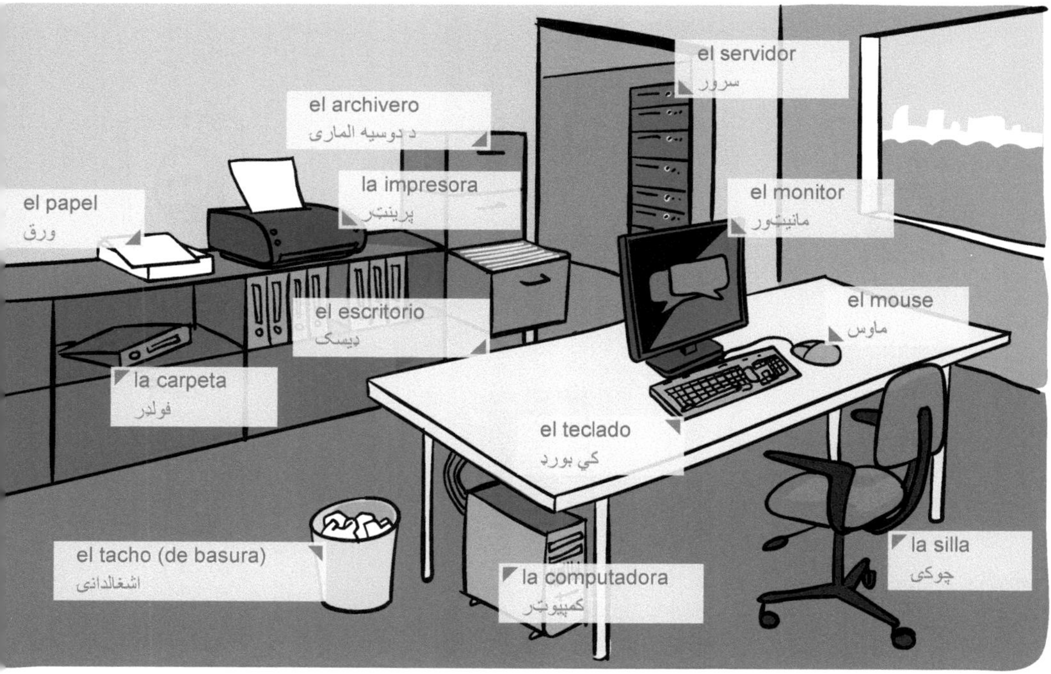

el servidor
سرور
el archivero
د دوسیه الماری
el papel
ورق
la impresora
پرینټر
el monitor
مانیټور
el escritorio
ډیسک
el mouse
ماوس
la carpeta
فولډر
el teclado
کي بورډ
el tacho (de basura)
اشغالدانی
la silla
چوکی
la computadora
کمپیوټر


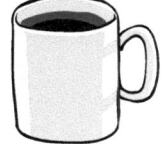

la taza de café
.................
د کافي پیاله

la calculadora
.................
کالکولیټر

el internet
.................
انټرنیټ

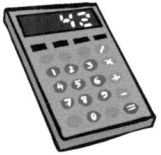

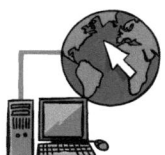

la laptop

لپ تاپ

la carta

لیک

el mensaje

پیغام

el celular

موبایل

la red

نیتورک

la fotocopiadora

فوتوکاپیر

el software

سافتویر

el teléfono

تلیفون

el tomacorriente

پلک ساکت

el fax

فکس مشین

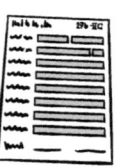

el formulario

فارم

el documento

سند

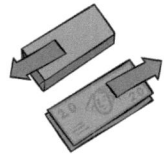

comprar

پیرل

pagar

تادیه کول

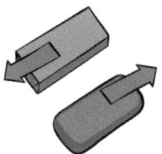

hacer negocios

سوداگري کول

el dinero

پیسی

el dólar

ڈالر

el euro

یورو

el yen

ین

el rublo

ربل

el franco suizo

سویسي فرانک

el yuan

رینمینبي یوان

la rupia

روپی

el cajero automático

د نغدي پیسو ځای

la casa de cambio

د اسعارو د تبادلی دفتر

el oro

سره زر

la plata

سپین زر

el petróleo

تیل

la energía

انرژي

el precio

نرخ

el contrato

قرارداد

el impuesto

مالیه

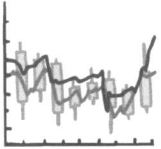

la acción

اسهام

trabajar

کار کول

el empleado

کارمند

el empleador

کار کـومارونکی

la fábrica

فابریکه

el negocio

پلورنځی

# las ocupaciones
## مسلکونه

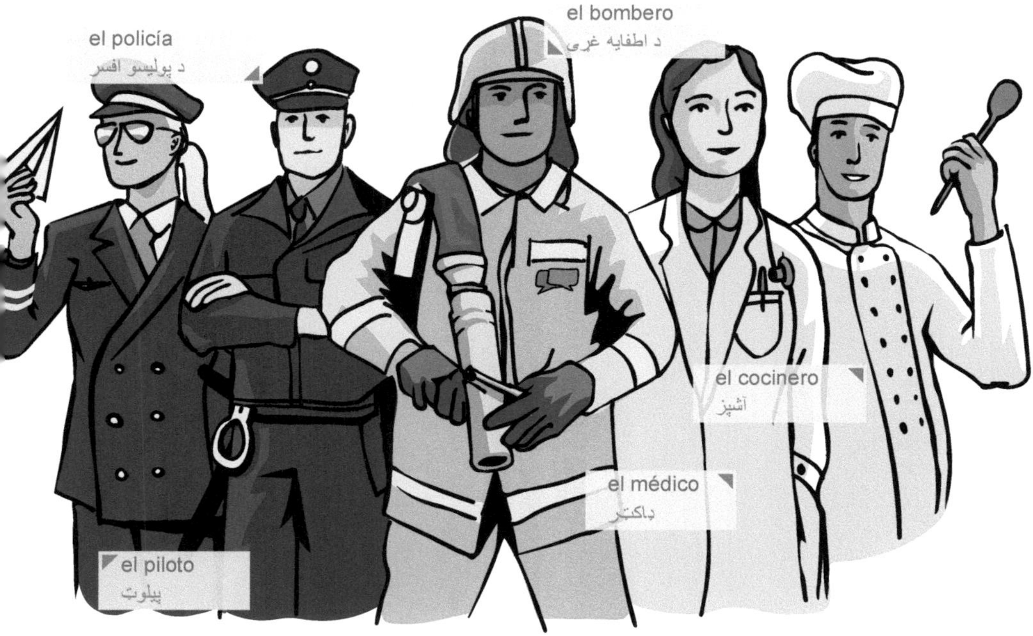
el policía
د پولیسو افسر
el bombero
د اطفایه غړی
el cocinero
آشپز
el médico
ډاکټر
el piloto
پیلوټ

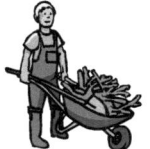

el jardinero
باغوان

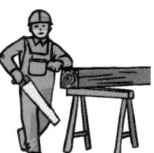

el carpintero
نجار

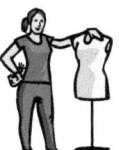

la modista
خیاط

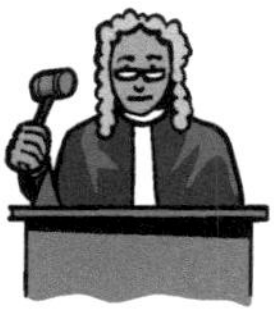

el juez
قاضي

el farmacéutico
کیمیا پوه

el actor
د فلم لوبغاړی

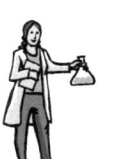

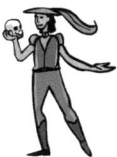

el colectivero

د بس ډرايور

el taxista

د ټيكسي ډرايور

el pescador

کب نيونکی

la mucama

خدمه

el techista

بام جوړونکی

el mozo

پيشخدمت

el cazador

ښکاري

el pintor

نقاش

el panadero

نانوا

el electricista

د برېښنا کارکونکی

el albañil

تعمير جوړونکی

el ingeniero

انجنير

el carnicero

قصاب

el plomero

نلدوان

el cartero

پوسټ رسونکی

el soldado

سرتیری

el arquitecto

مهندس

el cajero

صراف

el florista

ماليار

el peluquero

نایی

el cobrador

كليندر

el mecánico

میکانیک

el capitán

كپتان

el dentista

د غابښونو ډاكتر

el científico

ساينس پوه

el rabino

ښاغلی

el imán

امام

el monje

مذهبي نفر

el sacerdote

پادري

# las herramientas

## لوازم

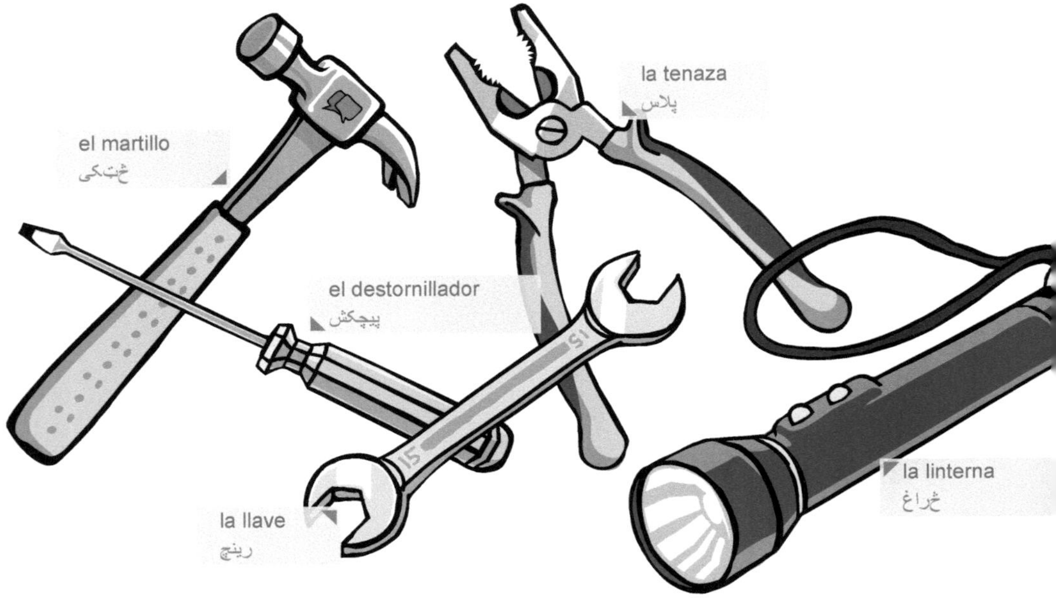

el martillo
څټکی
la tenaza
پلاس
el destornillador
پیچکش
la llave
رینچ
la linterna
څراغ


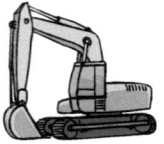

la excavadora

کنستونکی

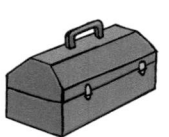

la caja de herramientas

د لوازمو بکس

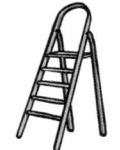

la escalera portátil

زینه

la sierra

اره

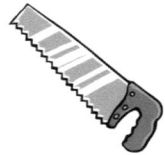

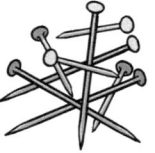

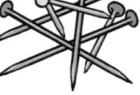

los clavos

میخونه

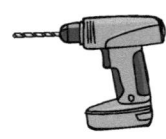

el taladro

برمه

arreglar

ترمیم کول

la pala de jardín

بیل

¡Qué bronca!

لعنت!

la pala de plástico

خاک انداز

el tacho de pintura

مشوانی

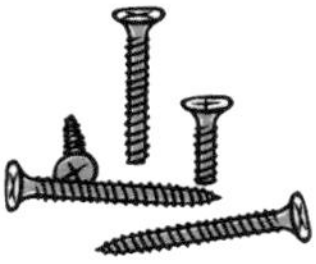

los tornillos

پیچونه

# los instrumentos musicales

د میوزیک آلات

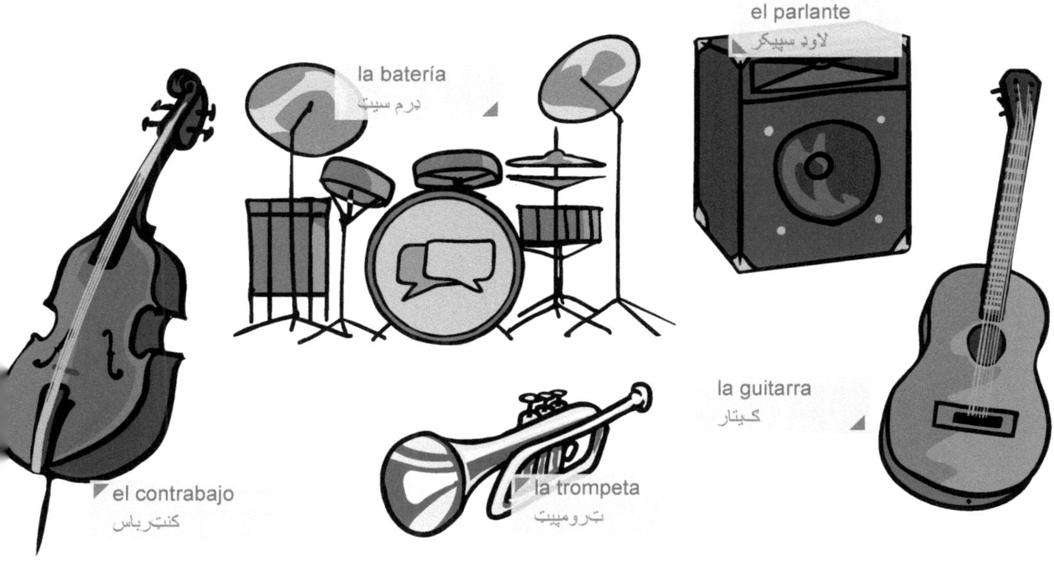

el parlante

لاوډ سپیکر

la batería

ډرم سیټ

la guitarra

ګیتار

el contrabajo

کنترباس

la trompeta

ترومپیت

el piano

پیانو

el violín

وایلن

el bajo

باس

los timbales

نغاره

el tambor

درمونه

el teclado

کي بورد

el saxofón

سیکسافون

la flauta

شپیلی

el micrófono

مایکروفون

# el zoológico

## ژوبڼ

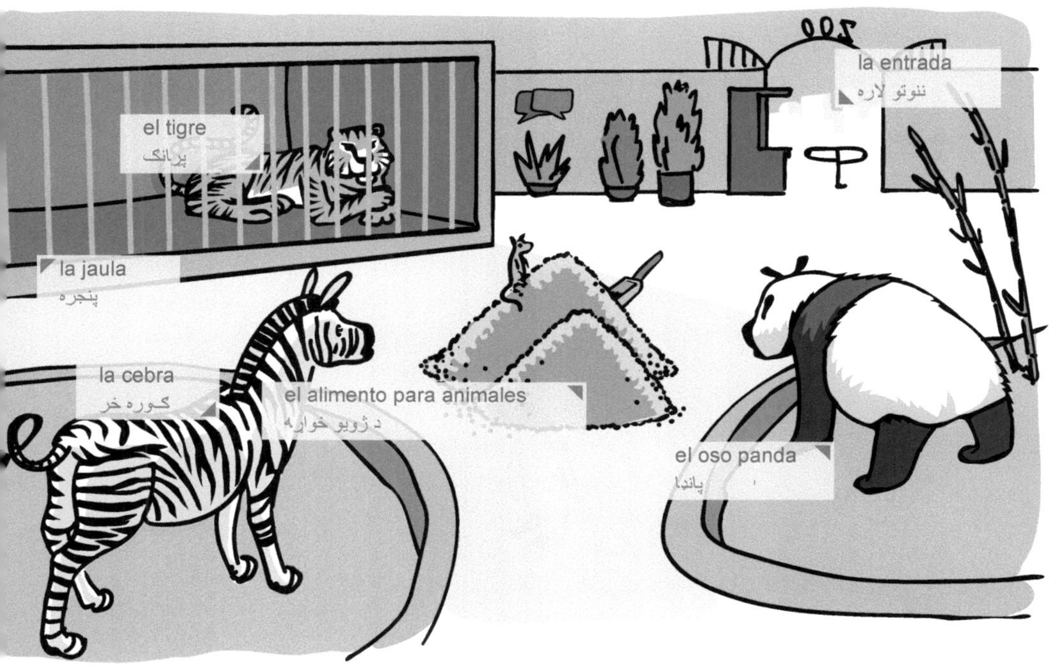
zoo
la entrada
ننوتو لاره
el tigre
پړانګ
la jaula
پنجره
la cebra
ګوره خر
el alimento para animales
د ژويو خواړه
el oso panda
پاندا

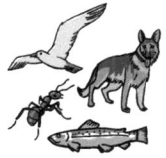

los animales

ژوی

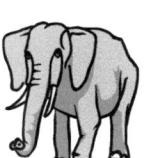

el elefante

هاتي

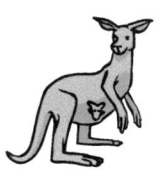

el canguro

کنګرو

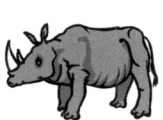

el rinoceronte

د اوبو اسپ

el gorila

ګوريلا

el oso

ايږه

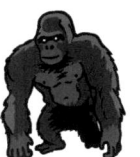

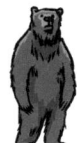

el camello

اونٹ

el avestruz

شترمرغ

el león

شیر

el mono

بندر

el flamenco

سرخاب

el loro

طوطی

el oso polar

قطبی ریچھ

el pingüino

پینگوین

el tiburón

شارک

el pavo real

طاوس

la serpiente

مار

el cocodrilo

تمساح

el cuidador del zoológico

ژوبن ساتونکی

la foca

سیل

el jaguar

جگوار

el poni

یابو

el leopardo

پرانک

el hipopótamo

هیپو

la jirafa

زرافه

el águila

باز

el jabalí

نرخوک

el pescado

کب

la tortuga

شمشتی

la morsa

سمندري نولی

el zorro

گیدړه

la gacela

هوسی

el fútbol americano
امریکایی فتبال

el ciclismo
سایکل چلول

el tenis
تنیس

el básquet
باسکیتبال

la natación
لامبو

el boxeo
باکسینګ

el hockey sobre hielo
د کنګل هاکي

el fútbol

فتبال

el bádminton

کشیزه

el atletismo

د خغاستی لوبی

el handball

د هندبال

el esquí

سکي

el polo

پولو

# las actividades
## فعالیتونه

saltar
ټوپ وهل
abrazar
غاړه ورکول
reír
خندل
caminar
ګرځېدل
cantar
سندرې ویل
soñar
خوب لیدل
rezar
عبادت کول
besar
مچو کول

escribir
لیکل

dibujar
کښل

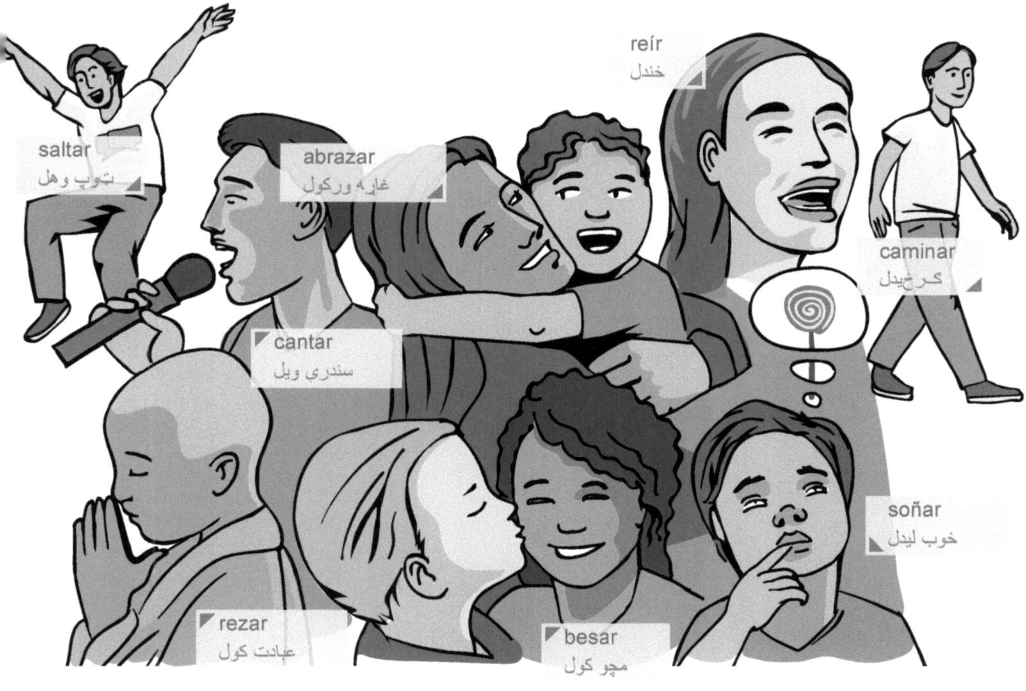

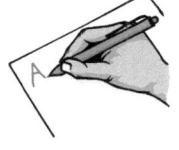

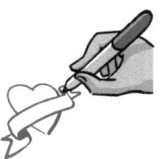

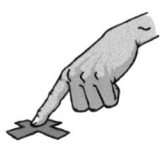

mostrar
ښودل

presionar
ټېله کول

dar
ورکول

tomar
اخیستل

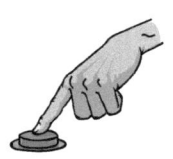

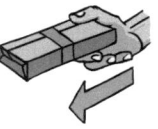

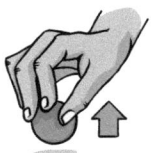

tener

درلودل

hacer

کول

ser

پاییدل

estar parado

ودریدل

correr

منډی وهل

tirar

راکښل

tirar

ګوزارل

caer

لویدل

estar acostado

څملاستل

esperar

انتظار کول

llevar

وړل

estar sentado

کښیناستل

vestirse

پوښاک اغوستل

dormir

ویده کیدل

despertar

پاخیدل

mirar

کتل

llorar

ژړل

acariciar

بريد کول

peinar

گـمنځ کول

hablar

خبري کول

entender

پوهيدل

preguntar

غوښتل

escuchar

اوريدل

beber

څښل

comer

خورل

ordenar

پاکول

amar

مينه کول

cocinar

پخلی کول

manejar

موټر چلول

volar

الوتل

navegar

بیری چلول

calcular

حساب

leer

لوستل

aprender

زده کول

trabajar

کار کول

casarse

واده کول

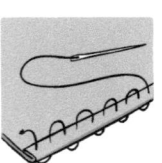

coser

ګنډل

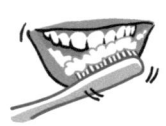

cepillarse los dientes

د غاښونو برس کول

matar

وژل

fumar

سګرټ څکښل

enviar

لیږل

# la familia
## کورنۍ

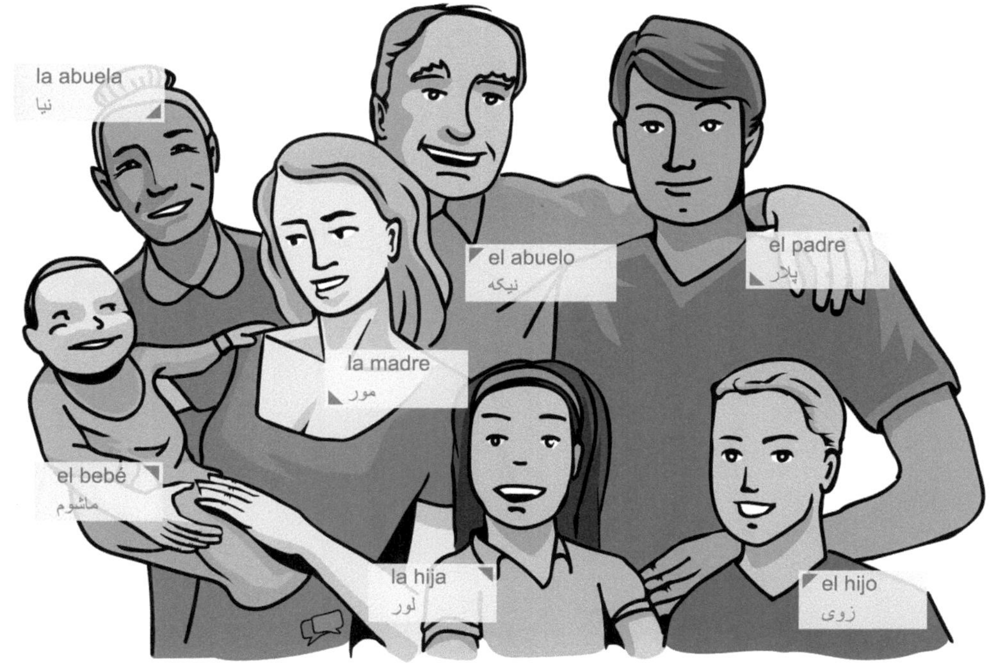
la abuela
نیا
el abuelo
نیکه
el padre
پلار
la madre
مور
el bebé
ماشوم
la hija
لور
el hijo
زوی

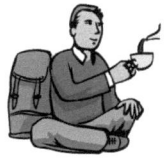

el invitado
...................
میلمه

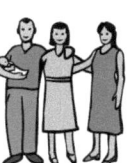

la tía
...................
ترور

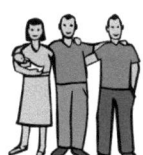

el tío
...................
کاکا/ماما

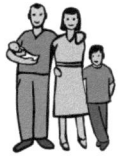

el hermano
...................
ورور

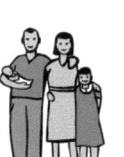

la hermana
...................
خور

# el cuerpo

## بدن

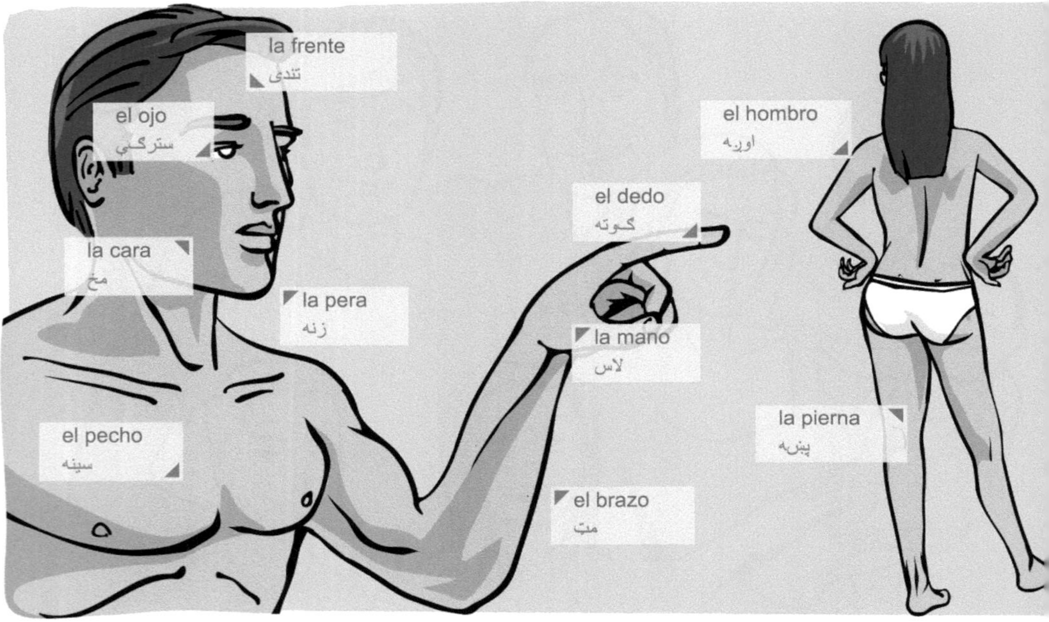
la frente
تندی
el ojo
سترګي
el hombro
اوږه
el dedo
ګوته
la cara
مخ
la pera
زنه
la mano
لاس
la pierna
پښه
el pecho
سینه
el brazo
مټ

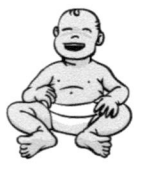

el bebé

ماشوم

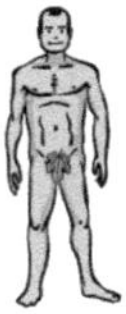

el hombre

سړی

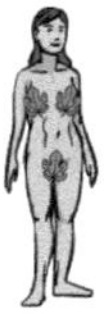

la mujer

ښځه

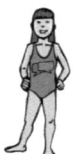

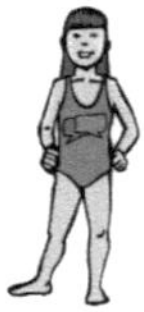

la nena

انجلۍ

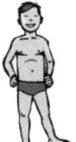

el nene

هلک

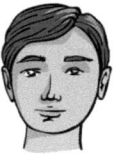

la cabeza

سر

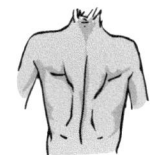

la espalda

شا

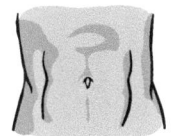

la panza

خیټه

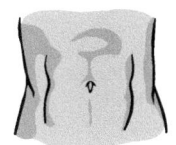

el ombligo

نوم

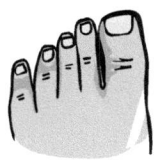

el dedo del pie

د پښی ګوته

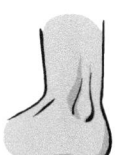

el talón

پونده

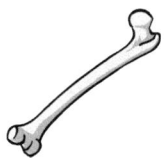

el hueso

هدوکی

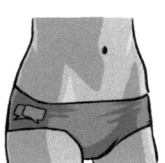

la cadera

کوناټی

la rodilla

زنګون

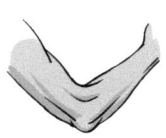

el codo

څنګل

la nariz

پوزه

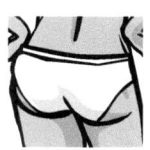

la cola

لاندی برخه

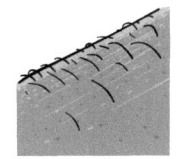

la piel

پوټکی

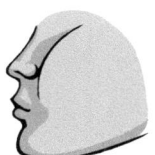

el cachete

غومبوری

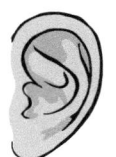

la oreja

غوږ

el labio

شونډه

la boca

خوله

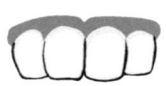

el diente

غاښ

la lengua

ژبه

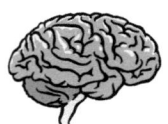

el cerebro

مغز

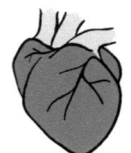

el corazón

زړه

el músculo

عضله

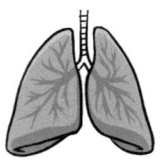

el pulmón

سږی

el hígado

ځيګر

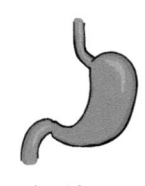

el estómago

معده

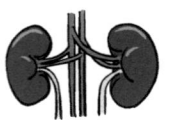

los riñones

پښتورکي

el sexo

جنسي نږدي والی

el preservativo

كاندوم

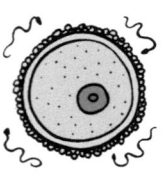

el óvulo

تخمه

el semen

مني

el embarazo

حمل

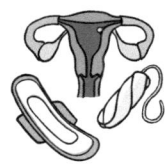

la menstruación

حيض

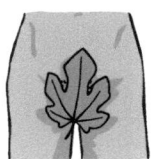

la vagina

مهبل

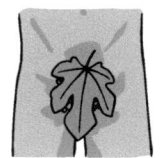

el pene

د نارينه تناسلي آله

la ceja

وروځى

el pelo

ويښته

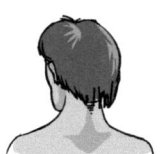

el cuello

غاړه

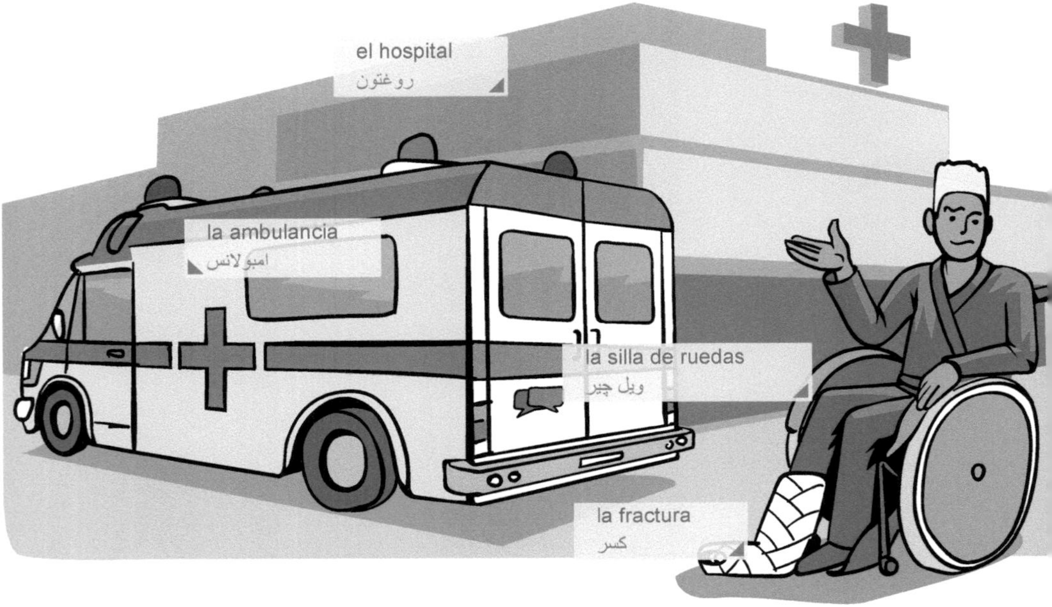

# el hospital
## روغتون

el hospital
روغتون
la ambulancia
امبولانس
la silla de ruedas
ویل چیر
la fractura
کسر

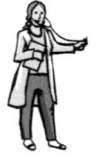

el médico

داکټر

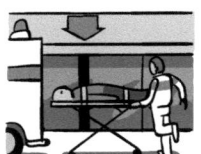

la sala de guardia

عاجل خونه

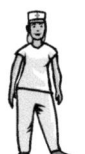

la enfermera

رنځورپال

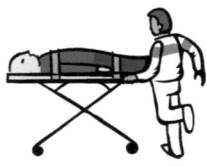

la emergencia

عاجل

inconsciente

بې هوش

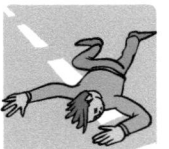

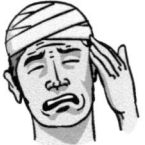

el dolor

درد

la lesión

پت

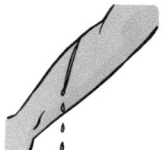

la hemorragia

لدیوت هنیو

el infarto

هلمح هزر ز د

el ACV

برض

la alergia

تیساسح

la tos

یخوت

la fiebre

هبت

la gripe

ازنیولفنا

la diarrea

یتسان سن

el dolor de cabeza

درد رس

el cáncer

ناطرس

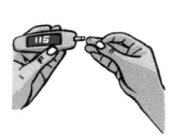

la diabetes

ركش

el cirujano

حارج

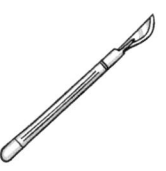

el bisturí

لپلاكس

la operación

تایلمع

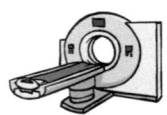

la TC

سي،تني

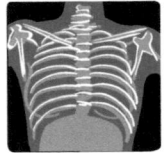

los rayos x

ايكس رى

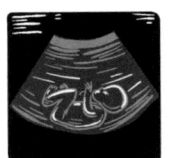

la ecografía

التراساوند

el barbijo

د مخ ماسک

la enfermedad

ناروغي

la sala de espera

انتظار خونه

la muleta

امساً

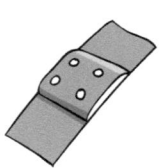

la curita

پلستر

la venda

بنداژ

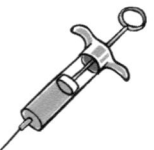

la inyección

تزريق

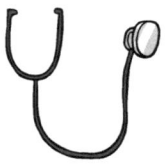

el estetoscopio

ستاتسكوپ

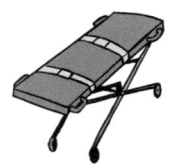

la camilla

تسكيره

el termómetro

كلينكي ترماميتر

el nacimiento

زيږون

el sobrepeso

زيات وزن

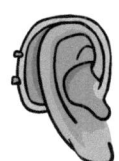

el audífono

د اوریدو مرسته

el desinfectante

د عفونیت څخه پاکونکي مواد

la infección

عفونیت

el virus

ویروس

el VIH / SIDA

ایچ.ای.وی/ایدز

el remedio

درمل

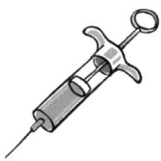

la vacunación

واکسین

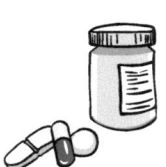

los comprimidos

تابلیتس

la pastilla anticonceptiva

کولی

la llamada de emergencia

عاجل تلیفون

el tensiómetro

د وینی د فشار څارونکی

enfermo / sano

ناروغ/روغ

¡Ayuda!

مرسته!

la alarma

الارم

la agresión

يرغل

el ataque

بريد

el peligro

خطر

la salida de emergencia

عاجل لاره

¡Fuego!

اورا!

el matafuego

د اور وژونکی

el accidente

پيښه

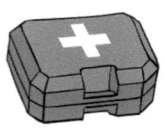

el botiquín de primeros auxilios

د لومړی مرستي لوازم

el SOS

ايس.او.ايس

la policía

پوليس

Europa

اروپا

América del Norte

شمالي امریکا

América del Sur

سهیلي امریکا

África

افریقا

Asia

أسيا

Australia

أستریلیا

el Atlántico

اتلانتیک

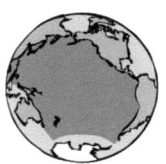

el Pacífico

پاسیفیک

el Océano Índico

د هند بحر

el Océano Antártico

جنوبي منجمد بحر

el Océano Ártico

د شمال قطب بحر

el polo norte

شمالي قطب

el polo sur

سهيلي قطب

la Antártida

انتارکتیکا

la Tierra

خُمکه

la tierra

خُمکه

el mar

بحر

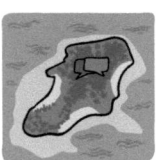

la isla

تپاپو

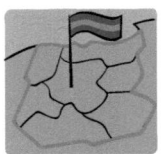

la nación

ملت

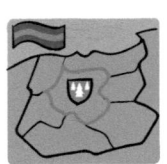

el estado

دولت

la esfera

د مخي ساعت

la manecilla de las horas

د ساعت ستنه

el minutero

د دقیقی ستنه

el segundero

د ثانیی ستنه

¿Qué hora es?

څه وخت دی؟

el día

ورخ

la hora

وخت

ahora

اوس

el reloj digital

ديجيتل ساعت

el minuto

دقیقه

la hora

ساعت

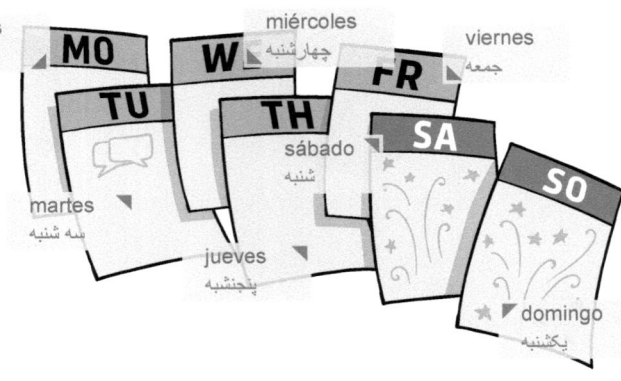

lunes
دوشنبه

MO

miércoles
چهارشنبه

W

viernes
جمعه

FR

TU

TH

SA

sábado
شنبه

SO

martes
سه شنبه

jueves
پنجشنبه

domingo
يكشنبه

ayer

پرون

hoy

نن

mañana

سبا

la mañana

سهار

el mediodía

غرمه

la tarde

ماښام

los días hábiles

كاري ورځى

el fin de semana

د اونۍ پاى

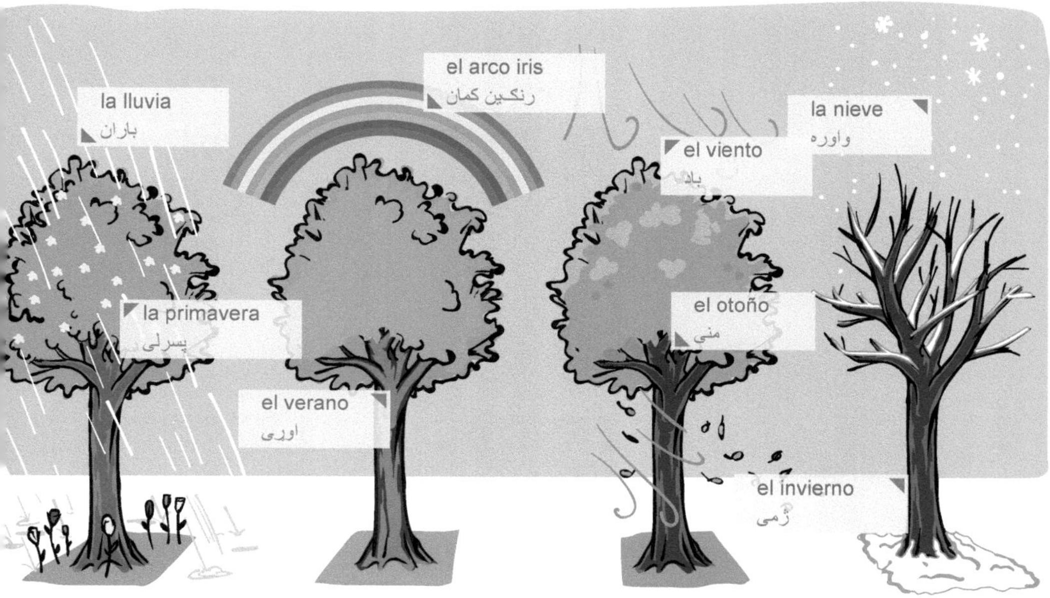

la lluvia
باران
el arco iris
رنګين کمان
la nieve
واوره
el viento
باد
la primavera
پسرلی
el verano
اوړی
el otoño
منې
el invierno
ژمی


4.APRIL 11°
5.APRIL 4°
6.APRIL 13°
7.APRIL 8°
8.APRIL 10°


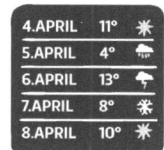

pronóstico meteorológico
.....................
د موسم وړاندوینه

F
C
120
90
60
30
0
-30
40
30
20
10
0
-10
-20


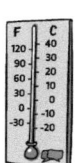

el termómetro
.....................
ترموميټر

la luz del sol
.....................
د لمر وړانګې

la nube
.....................
وريځ

la niebla
.....................
لړه

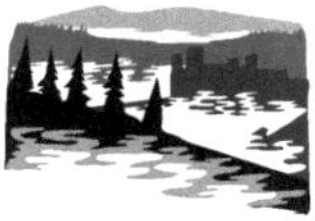

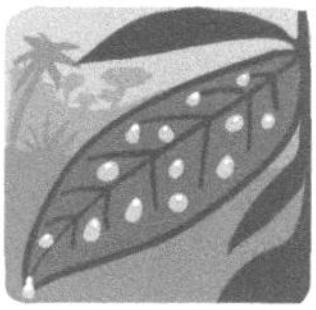

la humedad
.....................
رطوبت

el rayo

رنا

el trueno

تندر

la tormenta

توفان

el granizo

ژلی وریدل

el monzón

مون سون باران

la inundación

سیلاب

el hielo

یخ

enero

جنوري

febrero

فبروري

marzo

مارچ

abril

اپرېل

mayo

می

junio

جون

julio

جولای

agosto

اگست

septiembre

سپتمبر

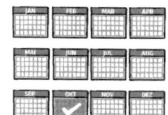

octubre

اکتوبر

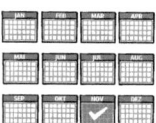

noviembre

نومبر

diciembre

دسمبر

# las formas

شکلونه

el círculo

دايره

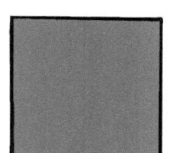

el cuadrado

مربع

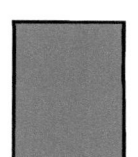

el rectángulo

مستطيل

el triángulo

مثلث

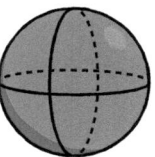

la esfera

توپ

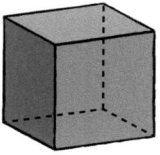

el cubo

فال

blanco

سپین

amarillo

ژيړ

naranja

نارنجي

rosa

ګلابي

rojo

سور

violeta

ارغواني

azul

نيلي

verde

شين

marrón

نسواري

gris

خړ

negro

تور

mucho / poco

خورا دير/خورا لږ

enojado / tranquilo

قار/ارام

lindo / feo

ښکلي/بدشکله

el principio / el fin

پيلا/پای

grande / chico

لوى/کوچنى

claro / oscuro

روښانه/تياره

el hermano / la hermana

ورور/خور

limpio / sucio

پاک/ککړ

completo / incompleto

مکمل/نامکمل

el día / la noche

ورځ/شپه

muerto / vivo

مړ/ژوندى

ancho / angosto

پراخه/انرى

comestible / no comestible

...................

د خوراک وړ/نه خوړل کیدونکی

malo / amable

...................

بد/مهربان

entusiasmado / aburrido

...................

پاریدلی/بی خونده

gordo / flaco

...................

چاق/لوچ

primero / último

...................

لومړی/وروستی

el amigo / el enemigo

...................

ملگری/دښمن

lleno / vacío

...................

ډک/تش

duro / blando

...................

سخت/نرم

pesado / liviano

...................

درون/سپک

el hambre / la sed

...................

لوږه/تنده

enfermo / sano

...................

ناروغ/روغ

ilegal / legal

...................

غیرقانوني/قانوني

inteligente / estúpido

...................

هوښیار/ساده

izquierda / derecha

...................

کیڼ/ښی

cerca / lejos

...................

نږدې/لرې

nuevo / usado

نو/ازور

nada / algo

هیخ/ابوخه

viejo / joven

بد/اخوان

encendido / apagado

چالا/ذابند

abierto / cerrado

خلاص/اترلى

silencioso / ruidoso

غلي/الور غير

rico / pobre

بدايه/غريب

correcto / incorrecto

صحيد/غلط

áspero / suave

زير/ملايم

triste / contento

خفه/خوش

corto / largo

لند/اورد

lento / rápido

سست/کرندى

mojado / seco

لوند/وچ

caliente / frío

کرم/يخ

guerra / paz

جکره/سوله

# 0

cero

صفر

# 1

uno

يو

# 2

dos

دوه

# 3

tres

دری

# 4

cuatro

څلور

# 5

cinco

پنځه

# 6

seis

شپږ

# 7

siete

اوه

# 8

ocho

اته

# 9

nueve

نهه

# 10

diez

لس

# 11

once

يولس

**12**

doce

سلود

**13**

trece

سليراد

**14**

catorce

سلراوﺞ

**15**

quince

سلﺢﭘذ

**16**

dieciséis

سراپبﺶ

**17**

diecisiete

سلوو

**18**

dieciocho

سلتاا

**19**

diecinueve

سولن

**20**

veinte

لﺶ

**100**

cien

لمﺲ

**1.000**

mil

رز

**1.000.000**

el millón

نويليﻢ

el inglés

انگـلسي

el inglés americano

امريكايى انگـلسي

el chino mandarín

چینایى مندرین

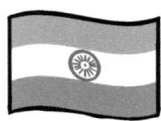

el hindi

هندي

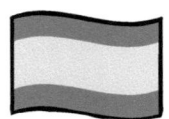

el español

هسپانوي

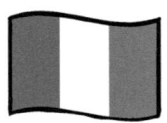

el francés

فرانسوي

el árabe

عربي

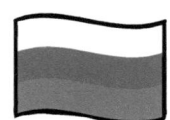

el ruso

روسي

el portugués

پرتكـالي

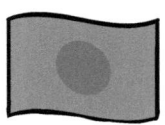

el bengalí

بنگـالي

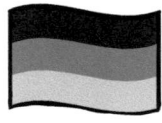

el alemán

ألماني

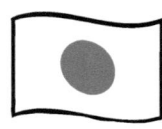

el japonés

جاپاني

yo

زه

vos

ته

él / ella

هغه/د غه/دا

nosotros

موږ

ustedes

تاسی

ellos

دوی/هغوی

¿quién?

څوک؟

¿qué?

څه؟

¿cómo?

څنګه؟

¿dónde?

چیري؟

¿cuándo?

کله؟

el nombre

نوم

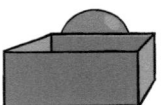

detrás

شاته

en

په

adelante de

په مخه کی

por encima de

باندی

sobre

په

debajo de

لاندی

al lado de

برسیره پر

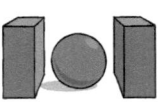

entre

ترمینځ

el lugar

ځای